KB089933

스타트업을 위한
지식재산 가이드

창업자가 반드시 알아야 할 특허, 상표 이야기

스타트업을 위한
지식재산 가이드

박길환 지음

렛츠
BOOK

지식재산의 시대이다. 지식재산의 확보는 사업에서 가장 우선순위에 두어야 할 과제라고 해도 지나치지 않다. 특히, 최근 부상하고 있는 기술 기반 스타트업의 경우 초기에 지식재산 확보에 문제가 생기면 사업의 진행이 사실상 어렵다.

지식재산은 케이스가 다양할 뿐만 아니라 직관적으로 이해하기 어려운 제도들이 많기 때문에 전문가의 도움 없이 관련 이슈를 컨트롤하는 것이 사실상 불가능하다. 또한 전문가의 도움을 받을 때도 관련 지식이 전혀 없으면 업무 커뮤니케이션에 문제가 생겨 제대로 된 의사결정을 하기 어렵다.

스타트업, 중소기업을 위한 지식재산 서적들이 있으나, 대부분 흥미 위주의 사례를 다루고 있어 실질적으로 도움이 되지 못하고 있다. 또한 기존 서적들은 글로벌기업이나 대기업의 특허 이슈를 주로 다루고 있기 때문에 스타트업 대표, 창업자의 입장에서 읽어 보아도 큰 도움이 되지 못하고 있다. 이러한 상황에서 창업자 및 스타트업 대표에게 적합한 실무적인 내용을 다루는 책이 필요하다고 생각하여 이 책을 기획하게 되었다.

이 책은 스타트업 또는 중소기업의 상황에 적합한 내용으로 구성되어 있고, 지식재산 전반에 대한 부분을 실무적인 관점에서 다루고 있기 때문에, 스타트업 대표나 중소기업 특허 담당자에게 실질적인 도움을 줄 수 있을 것으로 기대된다.

1장에서 지식재산에 대한 이론, 절차적인 부분을 다루었다. 이론적인 내용은 자칫 지루해질 수 있으므로 최소한으로 다루면서도 스타트업에게 반드시 필요한 내용들로 구성하였다.

2장에서 스타트업이 자주 겪는 지식재산 사례를 다루었다. 필자가 수년간 스타트업 IP 업무를 수행하면서 겪었던 실제 사례나 자주 질문받았던 내용 중 핵심적인 내용들만 다시 재구성한 것이다.

3장에서 지식재산 서류, 즉, 특허공보, 상표공보 등을 보는 방법에 대해 다루었다. 지식재산 서류를 전문가의 도움 없이 개략적으로 확인할 수 있도록 실제 공보를 예시로 설명하였다.

4장에서 직접 유사특허나 유사상표를 검색할 수 있는 구체적인 방법에 대해서 다루었다. 4장에 소개된 방법을 이용하면 전문가의 도움 없이도 아이디어가 떠오를 때마다 직접 검색을 수행하여 지식재산 전략을 수립할 수 있을 것이다.

이 책은 스타트업을 운영하면서 필수적이라고 생각되는 지식재산정보를 최대한 압축적이면서도 풍부하게 담으려고 하였기 때문에 각주가 많이 활용되었다. 각주의 내용은 책을 전체적으로 이해하는 데 반드시 필요한 부분은 아니므로, 내용을 전체적으로 빠르게 파악하고자 하는 독자는 각주를 읽어 보지 않아도 무방하고, 보다 많은 내용을 알고 싶은 독자는 각주까지 모두 읽어 보면 된다.

이 책이 나오기까지 여러 가지 측면에서 물심양면 도움을 제공한 피앤케이국제특허법률사무소 임직원들과 묵묵히 집안에서 응원해 준 아내에게 감사드린다.

2020년 5월

박길환

목차

제1장 : 지식재산 기초

제2장 : **지식재산 사례**

제3장 : 지식재산 서류 확인 방법

제4장 : 지식재산 검색 방법

지식재산 기초

START-UP

스타트업과
지식재산권

"지식재산"이란 인간의 창조적 활동 또는 경험 등에 의하여 창출되거나 발견된 지식, 정보, 기술, 사상이나 감정의 표현, 영업이나 물건의 표시, 생물의 품종이나 유전자원, 그 밖에 무형적인 것으로 재산적 가치가 실현될 수 있는 것을 의미[1]하는 것으로서, 특허권, 실용신안권, 상표권, 디자인권, 저작권 등으로 분류된다.

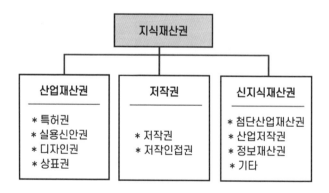

(1) 지식재산권의 종류

●

지식재산권의 종류에는 특허권, 실용신안권, 상표권, 디자인권, 저작권이 있다. 일반적으로 특허권, 실용신안권, 상표권, 디자인권을 합쳐 산업재산권으로 분류한다.

1) 특허권, 실용신안권

기술적 사상(Technical Idea)을 보호하는 권리로써, 쉽게 말하자면 제품의 기능에 대한 보호를 수행하는 권리이다. 물건발명의 경우, 특허권과 실용신안권 양자로 보호 가능하나, 방법발명, 공정발명, 제법발명, 조성물발명의 경우, 특허권으로만 보호할 수 있다. 특허권과 실용신안권은 등록 가능성 판단 시 진보성의 정도, 우선심사 요건, 등록 후 존속기간 등에서 차이가 있다.

2) 상표권

제품(또는 서비스)의 출처 및 제품 판매자(또는 서비스 제공자)의 신용을 보호하고, 소비자의 출처혼동 방지를 위한 권리이다. 상표는 일반적으로 제품의 "브랜드"로 이해하면 된다.

3) 디자인권

공업제품(물품)의 외형을 보호하는 권리이다. 보다 구체적으로 설명하

---

1 지식재산기본법 제3조

면, 디자인권은 공업제품의 외형에서 느껴지는 미적 감각을 보호하기 위한 권리이다. 공업제품의 외형에 기능적인 특징이 있는 경우에는 원칙적으로 특허권이나 실용신안권으로 보호하여야 한다.[2]

4) 저작권[3]

인간의 사상이나 감정이 표현된 창작물, 즉, 저작물을 보호하는 권리이다. 저작물로는 소설, 수필, 문제집 등의 어문저작물, 수채화 등의 미술저작물, 가요, 국악 등의 음악저작물, 컴퓨터프로그램저작물 등이 있다. 특이한 것은 특허권, 실용신안권, 상표권, 디자인권의 경우, 특허청에 등록되어야 권리가 발생하지만, 저작권은 창작물이 창작되는 순간 권리가 발생[4]된다는 점이다.

(2) 스타트업과 지식재산권

●

창업의 초기단계에서 지식재산권의 확보는 대단히 중요한 일이다. 그러나 일반적으로 창업의 초기단계에서는 자금의 조달이 힘들기 때문에 지식재산권에 비용을 지불할 여력이 없다 보니 지식재산권을 확보하지

---

2 제품에 기능성이 없고, 제품에 미적 감각도 사실상 느껴지지 않더라도 실무에서는 디자인등록을 시도하는 경우가 많다.

3 산업재산권(특허권, 실용신안권, 상표권, 디자인권)의 경우 특허청에서 취급되나, 저작권의 경우 일반적으로 한국저작권위원회와 같은 기관에서 취급된다.

4 저작권은 창작하는 순간 권리가 발생 되는 권리이며, 등록은 성립 요건이 아니다.

않은 상태에서 사업을 진행하는 경우가 많다.

지식재산권이 확보되지 못한 채로 사업이 진행되는 경우, 자신의 노력을 통해 개발한 아이템, 브랜드가 후발 경쟁업체에 의해 모방 되어 피해를 입게 될 뿐만 아니라, 후발 경쟁업체가 지식재산권을 오히려 확보하게 되어 역으로 자신의 아이템이나 브랜드를 사용하지 못하게 되는 경우도 빈번하게 발생한다. 따라서 본격적인 영업이나 마케팅을 실시하기 전에 반드시 지식재산권을 확보하는 것이 필요하다.

그러므로 스타트업은 적절한 시기에 지식재산권을 미리 확보하기 위해 여러 지식재산권제도에 대해서 전반적으로 파악하고 있어야 하며, 이와 동시에 미리 발생할 지식재산권 분쟁에 대해서도 대비해야 한다.

이하에서는 스타트업 대표 및 중소기업 담당자에게 필요한 지식재산권의 전반적인 내용에 대해서 두루 알아보고, 스타트업이 자주 겪게 되는 지식재산 사례, 지식재산 서류 검토 방법 및 지식재산 검색 방법에 대해 살펴보기로 한다.

특허권

A 스타트업 대표이사는 새롭게 개발한 B 제품을 조달청에 납품하고자 한다. 조달청으로의 납품 조건은 제품에 대한 "특허권의 확보"이다. 이에 따라 A 스타트업 대표는 B 제품에 대한 특허 진행과 함께 하루라도 빨리 특허등록을 받기 위한 방법을 알고 싶어 한다.

스타트업의 기술보호에 있어서 특허권의 획득은 아무리 강조해도 지나치지 않다. 특허란 무엇인가? 특허의 정확한 개념, 등록 절차, 효력, 실용신안과의 차이점, 특허등록 요건 등에 대해서 알아본다.

(1) 특허권 일반

●

특허제도는 산업발전의 이바지라는 대명제를 근간으로 하여 인간의 정신적 창작의 결과물인 발명을 보호하기 위해 출원인[5]에게 일정기간 독점, 배타적인 특허권을 부여하는 제도[6]이다.

1) 의의 및 법적성질

특허권은 발명이라는 기술적 사상의 창작에 대해 특허법에 따라 부여된 독점적, 배타적인 권리를 의미한다. 특허권은 무체재산권[7]으로 물권[8]에 준하는 권리이기 때문에 특허권자는 특허발명[9]을 독점적으로 실시할 수 있고, 타인이 특허권의 보호범위 내의 기술을 무단으로 실시하는 것을 배타적으로 배제할 수 있다.

2) 보호대상 및 보호범위

특허권은 기술적 사상의 창작인 특허발명을 보호하는데, 이러한 특허권의 보호범위는 특허 명세서[10]의 청구범위[11]에 적혀 있는 사항에 의하여 정해진다.[12] 따라서 보호범위, 즉, 특허권이 미치는 범위를 판단하기 위해서는 청구범위의 해석[13]이 필요하다.

---

5 출원이라 함은 특허, 실용신안 등의 산업재산권을 특허청에 등록하기 위해서, 최초의 서류인 출원서를 제출하는 절차를 의미하며, 출원인이라 함은 출원을 하는 자, 즉, 특허, 실용신안 등의 산업재산권에 대한 권리를 가지기 위해서 출원을 실시하는 자를 의미한다. 출원인은 산업재산권이 특허청에 등록되는 경우 특허권자가 된다.

6 임병웅, 인사이트 플러스 특허법 14판, 2014, 18면

7 무형의 재산적 이익을 배타적으로 지배할 수 있는 권리

8 특정한 물건을 직접 지배하여 배타적 이익을 얻는 권리

9 특허법 제2조 제2호, 특허를 받은 발명을 의미

10 특허출원 시에 제출하는 서류 중 특허발명을 특정하고 특허청에 보호받고자 하는 기술적인 내용을 기재한 서면으로, [발명의 명칭], [발명의 효과], [발명의 상세한 설명], [특허청구범위], [도면] 등의 목차로 구성된다.

11 권리로써 보호받고자 하는 기술적인 사항을 기재한 것

12 특허법 제97조

3) 존속기간

특허권의 존속기간이란 특허권자가 특허발명을 독점적으로 실시할 수 있는 기간[14]을 의미한다. 특허권의 존속기간은 특허법 제87조 제1항에 따른 특허권을 설정등록[15]한 날부터 특허출원일 후 20년이 되는 날까지이다. 따라서 특허권을 설정등록한 날부터 특허출원일 후 20년이 지나면 특허권은 소멸되며, 특허권에 따른 기술은 자유기술[16]이 된다.

(2) 특허출원부터 특허등록까지

1) 절차

특허출원서가 특허청에 제출되면, 특허출원 절차가 개시된다. 먼저, 특허청에서는 방식심사[17]를 통해 방식상의 흠결 유무를 검토한 후, 실체심사를 통해 발명의 특허등록 가능성을 판단한다. 실체심사결과, 출원된 발명의 특허성이 인정되는 경우 특허청은 특허등록 결정을 하게 된다. 한편 실체심사를 통해 출원된 발명의 특허성이 인정되지 않는다고

---

13 구성요소완비의 법칙(AER : All Element Rule) 등의 법리를 통해 청구범위를 해석한다. 구성요소완비의 법칙에 따르면, 침해품이 특허청구범위에 기재된 구성요소를 빠짐없이 모두 포함하는 경우에만 침해품이 특허의 보호범위에 포함된다.

14 특허법 제88조

15 특허권 설정등록이란 특허출원에 대한 심사관의 특허등록 결정 후에 출원인이 설정등록료를 납부하게 되면, 특허청장이 직권으로 특허등록원부에 소정의 사항을 기재함으로써 특허등록이 완료되는 절차를 의미한다.

16 누구나 사용할 수 있는 기술

17 출원서나 명세서 등의 출원 서류가 법에서 정하는 절차적, 형식적 요건을 구비하고 있는지를 심사하는 일.

스타트업을 위한 지식재산 가이드

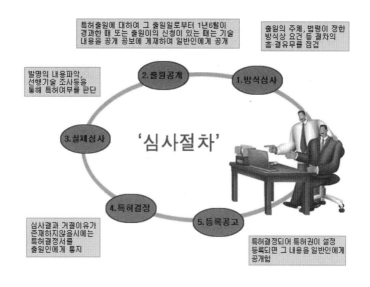

특허출원에 대하여 그 출원일로부터 1년6월이
경과한 때 또는 출원인의 신청이 있는 때는 기술
내용을 공개 공보에 게재하여 일반인에게 공개

출원의 주체, 법령이 정한
방식상 요건 등 절차의
흠·결유무를 점검

발명의 내용파악,
선행기술 조사등을
통해 특허여부를 판단

2.출원공개

1.방식심사

3.실체심사

'심사절차'

4.특허결정

5.등록공고

심사결과 거절이유가
존재하지않을시에는
특허결정서를
출원인에게 통지

특허결정되어 특허권이 설정
등록되면 그 내용을 일반인에게
공개함

판단되면, 특허청은 출원인에게 의견을 진술한 기회[18]를 주게 된다. 이후 출원인이 이에 대응하여 의견을 개진함으로써 특허성을 입증하게 되면, 특허청은 특허등록 결정을 하게 된다. 한편 출원인의 의견 개진을 통해서도 특허성이 입증되지 않으면 특허는 거절결정[19]되는데, 이후 출원인은 재심사청구[20], 거절결정불복심판[21] 등의 절차를 이용해 이를 계속해서 다툴 수 있다.

---

18 '의견제출통지'를 통해 의견제출 기회를 준다.
19 '특허를 허여할 수 없다'는 행정청의 결정.
20 '심사를 다시 청구하는 것'을 의미. 이때, 특허청구범위의 수정이 가능하다.
21 거절결정에 불복하여 제기하는 행정심판. 특허심판원에 청구한다.

2) 기간

일반적으로 특허출원부터 특허등록까지는 1년~2년 사이의 기간이 소요[22]된다. 그러나 특정한 요건[23]이 만족되는 경우 우선심사를 특허청에 신청하게 되면, 특허출원부터 특허등록까지의 기간을 50% 이상 단축할 수 있다.

(3) 특허권의 효력

●

특허권자는 업(業)[24]으로써 특허발명을 실시[25]할 권리를 독점[26]할 수 있고, 등록특허의 보호범위 내에서의 타인의 무단실시에 대해서는 배타적으로 민형사상 조치[27]를 취할 수 있다. 이러한 특허권의 효력은 특허

---

22 대한민국 특허청의 심사처리기간은 다음과 같다.

＊특허 심사처리기간 단축 현황

연도	2004	2005	2006	2007	2008	2009	2010	2011
1차심사처리기간(월)	21.0	17.6	9.8	9.8	12.1	15.4	18.5	16.8

23 출원공개 후 제3자의 무단실시의 경우, 우선심사의 신청을 하려는 자가 출원된 발명에 관하여 직접 선행기술을 조사하고 그 결과를 특허청장에게 제출하여 긴급하게 처리할 필요가 있다고 인정된 출원(벤처기업의 확인을 받은 기업의 특허출원, 기술혁신형 중소기업으로 선정된 기업의 특허출원 등), 특허청장이 외국 특허청장과 우선심사하기로 합의한 특허출원, 특허청장이 고시한 전문기관에 선행기술의 조사를 의뢰한 경우로서 그 조사 결과를 특허청장에게 통지하도록 그 전문기관에 요청한 특허출원의 경우 등에는 우선심사를 신청할 수 있다.

24 개인적, 학술적 실시가 배제된 상업적인 실시를 의미한다.

25 실시란, 발명의 내용 그대로 발명을 사용하는 것을 의미하는데, 특허법상 실시는 물건발명의 경우 그 물건을 생산·사용·양도·대여 또는 수입하거나 그 물건의 양도 또는 대여의 청약(양도 또는 대여를 위한 전시를 포함)을 하는 행위를 의미한다. (특허법 제2조 제3호 가목)

26 특허법 제94조

27 특허법 제126조, 제225조 등

스타트업을 위한 지식재산 가이드

권이 존속하는 기간 동안 대한민국 내에서[28] 미치게 된다. 따라서 대한민국에서 특허권이 있다 하여도 일본이나 미국 등의 타국에는 대한민국 특허권의 효력을 주장할 수 없다. 즉, 타국에 특허권을 행사하기 위해서는 각국에 특허출원을 하여 등록을 받아야 한다.

(4) 특허등록 요건

•

A 스타트업 대표이사는 X' 제품을 개발하고 있다. X' 제품은 경쟁사인 B 업체에서 개발한 인기 제품인 X 제품의 대부분의 구성요소를 유사하게 카피한 제품이지만 일부 구성요소는 해외의 C 업체가 해외에서만 판매하는 Y 제품의 일부 구성요소에서 착안한 것이다. X' 제품은 특허등록을 받을 수 있을까?[29]

제품 개발에 앞서 특허등록 요건을 검토하는 것은 필수적이다. 특허등록 요건 검토 없이 제품을 먼저 개발하는 경우 공지된 기술에 의해 특허권 획득에 실패할 가능성이 높다. 특허권 획득에 실패한 제품은 순식간에 복제, 모방될 수 있기 때문에 제품 개발에 투여된 자본, 노동력을 물거품으로 만들 수 있다.

특허를 등록받기 위한 요건으로는 여러 가지가 있으나, 실무적으로 가장 중요한 요건을 꼽자면, 자신이 개발한 기술이 특허법상 발명에 해당하는지 여부(발명의 성립성을 만족하는지 여부)와 그 발명이 특허를 받을

---

28 특허법은 속지주의 원칙을 따른다.
29 특허등록 요건 중 진보성 위반으로 특허를 받지 못한다. 진보성에 위반에 대한 내용은 아래에 기재되어 있다.

수 있는 발명인지 여부(산업상 이용 가능성이 있는지 여부, 신규성이 있는지 여부, 진보성이 있는지 여부, 먼저 출원된 특허인지 여부 등)를 들 수 있다.[30]

1) 발명의 성립성

특허법상 발명이란 자연법칙을 이용한 기술적 사상의 창작으로서 고도(高度)한 것[31]을 의미한다. 즉, 특허를 등록받기 위한 발명은 첫째, 자연법칙을 이용해야 하며, 둘째, 기술적 사상이어야 하며, 셋째, 창작의 정도가 고도해야 한다.

자연법칙은 자연계에 존재하는 원리, 원칙, 법칙 등을 의미한다. 특허법상 발명은 자연법칙을 '이용'해야 하므로 자연법칙 자체는 발명에 해당될 수 없고, 자연법칙에 위배되는 영구운동장치도 발명에 해당될 수 없다. 한편 인간의 약속, 영업방법[32], 규칙, 게임 룰(Game Rule) 등도 자연계에 존재하는 원리로 볼 수 없으므로 발명에 해당될 수 없다.

기술적 사상(技術的 思想)이란 어떠한 목적을 달성하기 위한 구체적인 수단의 추상적 또는 개념적인 착상을 의미하는 것이다. 즉, 특허법상 발명은 반드시 기술 자체일 필요는 없으며 그 기술의 사상이면 조건을 충

---

30 이외에도 특허 명세서가 적절하게 기재되었는지 여부, 출원인이 진정한 권리자인지 여부 등의 요건이 있다.

31 특허법 제2조 제1호

32 영업방법, 즉, 비즈니스 모델(BM, Business Model)도 원칙적으로는 특허의 대상이 아니다. 그러나 영업방법이 PC, 스마트폰과 같은 단말장치에 의해서 구현되는 경우에는 예외적으로 특허의 대상이 될 수 있다.

스타트업을 위한 지식재산 가이드

족하게 된다. 그러므로 특허법상 발명은 반드시 시제품과 같은 형태가 만들어져 있어야 하는 것은 아니며 장차 기술로서 실현, 구현될 수 있을 가능성만 있어도 된다.

"고도(高度)"하다고 하는 것은 그 수준이 높아야 함을 의미한다. 따라서 특허법상 발명은 기술적 사상이 고도한 것, 즉, 기술의 정도가 높아야 하며, 이는 특허와 실용신안을 구별하는 기준[33]이 되기도 한다.

특허법상 발명의 조건에 따라 발명에 해당되지 않는 예로는 자연법칙 그 자체(열역학 법칙), 자연법칙에 위반된 것(영구운동장치), 자연법칙을 이용하지 않은 것(수학공식, 게임 룰), 컴퓨터프로그램 자체[34], 단순한 정보, 미술품 등의 창작물, 발견(자연물 자체를 발견하는 것) 등이 있다. 이외에도 자연법칙 상으로 보아 발명의 효과가 현저하게 의심스럽거나 그 수단이 너무 추상적인 경우에는 미완성발명에 해당하여 특허법상 발명이 될 수 없다.

2) 특허를 받을 수 있는 발명

가) 산업상 이용 가능성

---

33 실용신안법 제2조 제1호에는 "고안이라 함은 자연법칙을 이용한 기술적 사상의 창작을 말한다"고 규정되어 있다.

34 컴퓨터프로그램 자체(소스코드의 표현)는 저작권의 영역이다. 컴퓨터프로그램 자체는 특허의 대상이 될 수 없으나, 그 컴퓨터프로그램이 구동됨으로써 결과적으로 구현되는 기술적인 아이디어는 특허의 대상이 된다.

산업상 이용 가능성이란 발명이 산업에서 실제로 실시될 수 있는 것인지[35]를 의미하는 특허요건이다. 산업상 이용 가능성에서의 산업은 유용하고 실용적인 기술에 속하는 모든 활동을 포함하는 최광의의 의미[36]로 해석되며, 개인적, 학술적, 실험적 이용이 배제된 것을 의미한다. 한편 이용 가능성은 동일결과를 반복해서 실시할 수 있는 가능성을 의미하는데, 일반적으로는 장래에 이용될 가능성까지 포함되는 것으로 해석된다.

산업상 이용 가능성이 흠결된 예시로는 반복실시하였을 때 효과의 차이가 극심한 시험방법, 지구와 달을 연결하는 다리를 건설하는 방법, 대한민국 전체를 태양열 발전이 가능한 태양광 패널로 덮는 방법, 인간을 대상으로 하는 수술방법, 치료방법[37] 등이 있다.

나) 신규성

신규성(Novelty)이란 발명의 내용이 알려지지 않은 것을 의미하는 특허요건이다.[38] 신규성에 따르면 특허출원 전에 국내 또는 국외에서 공지, 공연실시되거나 반포된 간행물에 게재되거나 전기통신회선을 통해 공중이 이용할 수 있는 발명과 동일한 발명은 특허를 받을 수 없다.[39] 즉, 이

---

35 특허법 제29조 제1항

36 파리조약 제1조(3)

37 치료방법, 수술방법의 경우, 특허에 의해 보호되어 특정인의 재산적 이익을 도모하는 수단으로 사용되기보다는 인류의 생명과 건강에 기여되는 것이 타당하다는 점에서 특허의 대상이 되지 않는 것이 원칙이다. (특허법원 2004.7.1. 2003허6104)

38 특허는 새로운 발명을 공개한 자에게 그 공개에 대한 대가로 부여되는 독점권이므로, 발명이 신규하지 않은 경우에는 특허를 받을 수 없다.

스타트업을 위한 지식재산 가이드

전에 없던 새로운 발명만이 특허를 받을 수 있다.

특허권은 신규한 기술에 대해 허여되어야 하므로, 특허출원일 이전에 공개된 기술과 동일한 기술[40]은 특허를 받을 수 없는데, 여기서 공개된 기술이란 국내뿐만 아니라 해외에서 공개된 것까지 포함한다.

신규성을 상실시키는 공개기술의 예시로는 특허출원될 기술과 동일한 기술 내용이 학회에 발표된 것, 특허출원될 기술과 동일한 기술 내용이 기재된 문서가 인터넷상에 공개된 것, 특허출원될 기술과 동일한 기술 내용이 기재된 포스터, 전단지 등이 배포된 것 등이 있다.

다) 진보성

진보성(Inventive Step)이란 해당 발명이 속하는 기술분야에서 통상의 지식을 가진 사람이 앞서 기술한 신규성에서 공개된 기술을 이용해 쉽게 발명할 수 없는 것을 의미하는 것으로서, 공개된 기술보다 진보한 발명에 대해서만 특허를 허여하기 위해 규정된 특허요건[41]이다.

특허권은 종래의 공개된 기술에 비해 진보한 기술에 대해서만 허여되

---

39 특허법 제29조 제1항 각호, 일반적으로 공개되어 누구나 사용하고 있는 공유재산에 독점권을 부여하지 않게 하기 위함이다.

40 동일한 기술이란 공개된 기술, 즉, 선행기술과 특허출원할 기술을 1:1로 비교하였을 때, 각각의 기술적 구성이 동일한 것을 의미한다.

41 특허법 제29조 제2항

어야 한다. 그러므로 그 발명이 속하는 기술분야에서 통상의 지식을 가진 사람이 특허출원일 이전에 공개된 1개 이상의 기술의 조합[42]으로 용이하게 도출할 수 있는 기술은 진보성이 흠결되어 특허등록을 받을 수 없다.

상술한 진보성은 실무적으로 가장 문제 되는 특허요건으로, 대부분의 특허출원의 거절이유는 진보성 흠결이다.

진보성 판단의 심사실무 과정은 다음과 같다. 먼저, 출원된 특허의 특허청구범위에 기재된 발명을 특정한 다음, 특허청구범위에 기재된 발명과 유사한 공개기술을 특정한다. 이후, 특허청구범위에 기재된 발명과 가장 가까운 공개기술을 선택[43]한 다음, 양자를 대비[44]하여 구성[45] 간의 차이점을 파악한 후, 특허청구범위에 기재된 발명과 기술적으로 가장 가까운 공개기술로부터 특허청구범위에 기재된 발명에 이르는 것이 특허청구범위에 기재된 발명이 속하는 기술분야에서 통상의 지식을 가진 사람[46]에게 용이한지 여부를 출원 전의 해당 분야의 관용적, 기술적인 상식 및 경험 등에 따라 판단한다.

---

42 신규성 판단은 1개의 공개기술과 출원할 기술을 비교하여 판단하는 데 반하여, 진보성 판단은 복수 개의 공개기술의 조합과 출원할 기술을 비교할 수 있다는 차이가 있다.

43 이때, 선택되는 공개기술은 복수 개일 수 있다.

44 이때, 선택된 복수 개의 공개기술을 조합하여 판단할 수 있다.

45 발명을 이루고 있는 개별적 구성요소(Element)를 의미한다. 예를 들면, 자동차를 구성요소별로 나누어 보면, 프레임, 엔진, 바퀴, 조향장치, 시트 등으로 나눌 수 있다. 구성요소는 일반적으로 기능적인 단위로 구분된다.

스타트업을 위한 지식재산 가이드

여기서, 보다 구체적으로 양자를 대비할 때에는 양 발명의 목적, 구성, 효과를 종합적으로 검토하되, 특허청구범위에 기재된 발명의 구성의 곤란성을 중심으로 목적의 특이성 및 효과의 현저성을 참작하여 종합적으로 판단[47]한다.

상기와 같은 방법으로 판단한 결과 구성 간의 차이점이 발명이 속하는 기술분야에서 통상의 지식을 가진 사람의 입장에서 충분히 도출 가능한 것이라고 판단되면, 해당 발명은 진보성이 없는 발명이 되어 특허를 등록받을 수 없게 된다.

라) 먼저 출원된 동일한 특허가 있는지 여부

동일한 발명에 대하여 다른 날에 둘 이상의 특허출원이 있는 경우에는 먼저 특허출원한 자만이 그 발명에 대하여 특허를 받을 수 있다.[48] 이러한 규정을 선출원주의라고 한다. 동일한 발명 내용을 포함하는 복수 개의 특허출원 중 후에 출원된 특허는 선출원주의에 의해서 등록을 받을 수 없다. 완전히 동일한 발명이 거의 비슷한 시점에 연속적으로 출원되는 것은 드문 일이라고 생각할 수 있지만, 실무에서는 선출원주의가 문제되는 케이스가 종종 발생된다. 동일 기술분야에서 종사하는 기술자

---

46 통상의 기술자의 수준이 어떠한지를 명확하게 정의한 규정은 없으나, "특허청 조문별 특허법 해설"에는 당해 발명이 속하는 기술분야에 대한 식견과 기술상식을 가진 자라고 정의되어 있고, 대법원 2005.11.25. 선고 2004후3362 판결에서는 통상의 기술자를 "그 기술분야에서 보통 정도의 기술적 이해력을 가진 자"라고 표현하고 있다.

47 대법원 2009.11.12. 선고 2007후3660

48 특허법 제36조

들은 비슷한 시점에 비슷한 기술적 아이디어를 가지는 경우가 많기 때문이다.

(5) 실용신안권과의 차이점

●

실용신안제도는 유용한 물건을 개발하였으나 특허로 등록되기에는 기술적인 진보성을 가지지 못한 소발명(小發明)을 보호하기 위한 제도이다.

실용신안제도는 실용적인 신규한 물건에 대해 권리를 부여하는 제도로, 특허권보다는 짧은 기간이지만 독점, 배타적인 권리를 부여하여 적은 비용으로 낮은 수준의 기술개발을 유인, 촉진할 수 있게 하는 수단이다.

실용신안권은 물건[49]에 대해서만 등록받을 수 있는 권리로써, 특허권에 비해 존속기간[50]이 짧고, 특허청에 납부하는 관납료[51]가 저렴하다는 점에서 특허권과 차이가 있다.

---

49 특허권은 물건, 방법, 제법 등에 대해서도 권리화가 가능하다.
50 실용신안의 존속기간은 설정등록을 한 날부터 출원일 후 10년이 되는 날까지이다.
51 특허권에 비해 약 1/2 수준이다.

스타트업을 위한 지식재산 가이드

(6) 특허등록 이후

●

1) 특허취소신청

특허는 등록 결정 이후 설정등록[52]함으로써 등록된다. 한편, 특허가 신규성 위반, 진보성 위반 등 하자가 있음에도 불구하고 설정등록되었다고 생각되는 경우에는 누구든지 6개월 이내에 특허심판원에 특허취소를 신청할 수 있다. 이를 특허취소신청이라고 한다. 특허취소신청제도는 특허 등록 초기에 하자 있는 특허를 취소할 수 있게 하여 장래에 불필요한 특허소송 등의 분쟁을 예방하고 권리의 안정성을 도모하기 위해서 도입[53]되었다.

특허취소신청제도는 특허무효심판[54]에 비해 절차[55]가 간편하고 처리기간이 빠르기 때문에 분쟁 초기단계에서 널리 이용될 것으로 생각된다.[56]

---

52 특허청에 등록 관납료를 납부함으로써 설정등록된다.

53 2017년 3월 1일부터 시행되었으므로, 2017년 3월 1일 이후 설정등록된 특허가 취소신청의 대상이다.

54 특허등록을 소급적으로 무효시키는 당사자계 행정심판.

55 특허취소신청 시에 제출할 증거자료는 서면 또는 전기통신회선을 통해 공개된 자료에 한정되며, 심사관이 심사단계에서 거절이유로 통지한 선행기술은 증거자료로 신청이 불가하다. 한편, 증거는 취소신청기간에 추가 또는 변경이 가능하지만 취소이유통지 이후에는 추가 또는 변경이 불가능하다. 취소신청서에는 신청인, 취소 대상 특허번호 및 청구항, 취소이유 및 증거가 기재된다. 취소신청서를 접수한 특허심판원은 신청기간이 경과한 후 심리를 개시하며, 심리결과 취소결정을 해야 한다고 판단하는 경우에는 특허권자에게 취소이유를 통지하여 의견을 개진하고 정정청구(특허청구범위를 정정하는 청구)를 실시할 기회를 부여한다.

56 2017년에 278건, 2018년에 144건이 신청되었으며, 2019년 3월까지 처리된 103건 중 25건(24%)은 특허취소되었다. 한편 특허취소된 25건 중 3건의 경우만 불복하여 특허법원에 계류 중인 것으로 파악되므로, 특허심판원의 판단에 대한 당사자의 수용률도 높은 것으로 보인다.

특허취소신청에 의해 특허취소가 확정되면, 특허권은 소급하여 소멸한다. 이때, 일사부재리[57]의 효과는 없기 때문에, 동일한 증거로 무효심판을 청구할 수 있다.[58]

2) 설정등록료와 연차료 납부

특허는 등록 결정 이후 출원인이 특허청에 설정등록료를 납부함으로써 설정등록된다. 여기서, 설정등록료는 3년분의 연차등록료에 해당한다. 따라서 설정등록료를 납부하여 특허가 설정등록되면, 3년간 특허가 유지된다.

특허권을 유지하기 위해서는 매년 특허청에 연차료를 납부해야 한다. 설정등록 시에 3년분 연차료를 미리 납부한 것이 되므로, 4년 차부터는 매년 연차료를 납부해야 한다.

연차료는 첫해에 기본 15,000원에 청구항당 13,000원으로 소액납부하면 되지만, 4년째부터 3년 주기로 상승하여 16년 차부터는 기본 360,000원에 청구항당 55,000원으로 급격하게 상승한다. 이는 기술을 공개하여 개량발명을 유도함으로써 산업발전을 도모한다는 특허제도의 취지[59]가 반영된 것이다.

---

57 어떤 사건에 대하여 일단 판결이 내려지고 그것이 확정되면 그 사건을 다시 소송으로 심리·재판하지 않는다는 원칙.

58 특허취소결정, 취소신청서 각하(특허취소신청의 조건이 부적합하여 본안을 진행할 수 없을 때 내려지는 행정처분)에 대해서는 송달일로부터 30일 이내에 특허청장을 상대로 특허법원에 불복의 소를 제기할 수 있다. 다만, 기각결정 또는 합의체에 의한 각하결정은 불복할 수 없다.

스타트업을 위한 지식재산 가이드

권리		설정등록료 (1~3년분)	연차등록료				
			4~6년	7~9년	10~12년	13~15년	16~25년
특허	기본료	★매년 15,000원씩 45,000원	매년 40,000원	매년 100,000원	매년 240,000원	매년 360,000원	
	가산료 (청구범위의1항마다)	★매년 13,000원씩 39,000원	매년 22,000원	매년 38,000원	매년 55,000원	매년 55,000원	
실용신안	기본료	★매년 12,000원씩 36,000원	매년 25,000원	매년 60,000원	매년 160,000원	매년 240,000원	
	가산료 (청구범위의1항마다)	★매년 4,000원씩 12,000원	매년 9,000원	매년 14,000원	매년 20,000원	매년 20,000원	
디자인	심사	★매년 1디자인마다 25,000원씩 75,000원	매년 35,000원	매년 70,000원	매년 140,000원	매년 210,000원	(16~20년) 매년 210,000원
	일부심사	★매년 1디자인마다 25,000원씩 75,000원	매년 34,000원	매년 34,000원	매년 34,000원	매년 34,000원	(16~20년) 매년 34,000원

(7) 국제특허

●

A 스타트업 대표이사는 특유의 기술력이 접목된 여행숙박 플랫폼을 개발하여 런칭하였다. 그 플랫폼은 국내에서도 많이 이용되고 있으나 최근에는 국내보다 해외에서 더욱 인기를 끌고 있다. 이에 A 스타트업 대표이사는 해외에서 보다 적극적으로 서비스를 개시하고자 한다. 스타트업이 개발한 기술을 해외에서 보호받기 위해서는 어떠한 절차를 밟아야 할까?

---

59 특허가 계속 유지되어 독점권이 지속되는 경우 관련 개량발명의 실시가 어려워져 산업발전에 걸림돌이 될 수 있다. 따라서 특허법은 연차료를 상승시켜 특허를 지속적으로 유지하는 것을 포기하도록 유도한다.

1) 국제출원

특허권은 속지주의 원칙상 출원하여 등록된 국가에서만 효력을 미치게 된다. 따라서 국내에서 특허등록이 되었다고 하여 미국, 일본 등 타국에서도 효력을 가지며 권리행사를 할 수 있게 되는 것은 아니다. 그러므로 해외에서 권리를 가지기 위해서는 해외 각 국가에 특허출원을 하여 등록을 받아야 한다.

그러므로 수출국이 여러 국가인 경우, 모든 수출국에 특허의 권리가 미치게 하기 위해서는 모든 수출국에 각각 특허를 출원해야 한다. 이러한 방식이 전통적인 해외출원의 방식인데, 이를 "개별국"출원이라고 부른다.

개별국출원의 경우 해외출원을 위해서 각국에 각각의 해외 대리인을 모두 별도로 선임하여 출원해야 한다. 이와 같은 개별국 출원은 복수개의 국가에 출원을 개별적으로 진행해야 하는 바, 그 과정이 복잡하다는 점, 다수 국가에 모두 출원해야 하므로 비용이 크게 발생하는 점 등의 단점이 있다.

상술한 단점을 극복하고자, 특정 국가들은 연합하여 특허의 제도적인 통일을 기하는 '국제특허출원제도'를 실시하기로 합의하였는데, 국제특허제도인 "PCT[60]출원"이 그것이다.

---

60 Patent Cooperation Treaty(특허협력조약)의 약자, PCT에 가입된 체약국은 2019년 현재, 미국, 유럽, 일본, 중국, 한국 등 152개국이다.

스타트업을 위한 지식재산 가이드

2) 개별국출원(파리조약 시스템)

특허권을 획득하고자 하는 국가에 개별적으로 출원하는 방법이다. 일반적으로는 국내에 특허출원을 한 다음, 우선권 주장기간(12개월) 내에 우선권을 주장[61]하면서 해당 개별국에 특허출원을 한다.

우선권을 주장하면서 개별국에 특허출원을 하는 경우 개별국의 특허출원일이 국내의 특허출원일로 소급되는 효과가 있다. 이러한 개별국출원 시의 우선권의 주장에 따르면, 개별국에서의 특허심사 시에 신규성, 진보성 등의 특허성 판단시점이 국내 특허출원 시로 소급되어 국내의 특허심사결과와 개별국에서의 특허심사결과가 이론적으로 같아지는 효과를 받을 수 있다.[62]

3) 국제특허출원(PCT 시스템)

대한민국 특허청에 PCT출원서를 제출하고 30개월[63] 이내에 진입하려는 국가를 선택해 해당 국가의 국내단계(National Phase)로 진입하는 제도이다. 즉, PCT출원은 출원은 있으나 등록은 없는 제도로 개별국으로 진입하기 전 중간에 걸쳐 있는 절차이다.[64]

---

61 특허법 제54조, 제2국(후출원국가)에서의 특허출원일을 제1국(선출원국가)에서의 특허출원일로 소급시킬 때 제2국에서 출원을 실시하면서 주장(출원서에 기재)한다.

62 국내 특허출원 후 12개월이 지난 후라도 국내 특허가 공개되지 않았다면, 해외에 특허출원을 할 수 있다. 다만, 이 경우에는 우선권의 주장의 효과를 받을 수 없다. 따라서 해외에 특허출원을 하는 경우에는 반드시 국내 특허출원 후 12개월 이내에 해외에 특허출원을 해야 선후원관계에서 12개월 이내의 출원일 소급효과를 받을 수 있다.

63 30개월인 아닌 국가도 있지만, 대부분의 일반적인 국가의 개별국 진입기간은 30개월이다.

개별국 특허출원과정 / 특허청 홈페이지 발췌

(개월) 0   12

국내특허출원   해외특허출원

개별국출원 및 PCT출원의 비교 / 특허청 홈페이지 발췌

❚ PCT 국제출원절차와 일반해외 출원절차 비교도

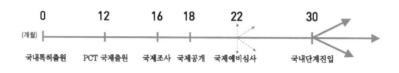

PCT출원 절차 / 특허청 홈페이지 발췌

PCT출원의 경우에도 상술한 개별국출원과 마찬가지로 우선권을 주장함으로써 출원일 소급효과를 발생시킬 수 있다.

PCT출원에 따르면, 국내단계(National Phase)로 진입할 때까지의 기간이 우선일[65]로부터 30개월까지 연장되는 효과가 있다.[66] 이러한 PCT출원의 효과에 따르면, 대한민국에서 출원한 후 1년 이내에 진입할 국가를 선택해야 하는 개별국출원 시스템에 비해, 해외진출 여부 판단(어느 국가에 진입할지 여부) 및 각 국가에서의 특허등록 가능성 검토에 대한 시간적 여유를 크게 확보할 수 있는 이점이 있다.

4) 스타트업의 해외특허출원 전략

특허를 해외로 출원하는 각 방법은 장점, 단점이 분명하다. 그러므로 진출할 해외국가가 명확하게 정해져 있는 경우에는 개별국출원 시스템을 이용하여 불필요한 PCT출원 비용[67]을 절약하는 것이 타당하고, 진

---

64 개별국에 진입한 국내단계(National Phase)에서는 개별국 내의 해외 대리인 선임이 사실상 필수적이다.

65 제1국(선출원국가)에서의 특허출원일을 의미한다.

66 개별국출원의 경우에는 12개월 이내에 우선권을 주장하면서 개별국에 출원하여야 한다. 그러므로 PCT출원의 경우 개별국출원보다 최대 18개월이 더 연장되는 것이다.

출할 해외국가가 명확하게 정해져 있지 않은 경우에는 PCT출원하여 PCT에 가입된 여러 국가에서의 특허등록 가능성을 살려 두어야 한다.

(8) 특허기술 매매

●

1) 기술이전이란?

> A 스타트업 대표이사는 X 기술개발을 완료하고 제품을 출시하였지만, 제품 판로 개척에 어려움이 있어 해당 제품 관련 판매 네트워크를 다수 보유한 B 기업에게 X 기술을 판매, 이전하고자 한다. 기술이전이란 무엇이며, 어떠한 형태, 종류가 있는지 살펴보자.

기술이전은 기술 자체의 양도·이용허락·투자·교육훈련·정보교류 등 다양한 형태로 이루어지고 또는 기술혁신을 포함한 활동이기도 하므로 그 정의가 매우 어렵다.[68] 일반적으로 기술이전이란 글자 그대로 자신의 기술을 타인으로 이전시키는 것을 의미한다고 이해하면 된다. 기술이전은 그 형태에 따라 양도형 기술이전, 대여형 기술이전으로 구분될 수 있다.

---

67 PCT출원 비용은 일반적으로 약 300만원이다.
68 윤선희, 조용순, 기술이전 계약론, 2013, 7면

2) 기술이전의 종류

양도형 기술이전(권리 이전)은 계약에 의해서 지식재산권을 타인에게 양도하는 것을 의미한다. 기술의 매매의 경우에 양수인은 매매 대금을 양도인에게 지불하여 지식재산권에 대한 소유권을 획득하게 된다. 한편 양도형 기술이전은 특허권 등의 지식재산권의 이전 이외에도 기술개발에 대한 노하우를 함께 전수하는 것을 포함하기도 한다. 또한 계약에 따라서는 권리를 이전한 이후에도 양도인이 양수인에게 경상기술료[69]를 받는 형태도 있다.

대여형 기술이전(라이센싱)은 기술을 가지고 있는 권리자가 기술을 사용할 실시자에게 실시할 권리인 실시권을 설정하는 것을 의미한다. 한편 대여형 기술이전은 특허권 등의 지식재산권의 실시권 설정 이외에도 기술개발에 대한 노하우를 함께 대여하는 것을 포함하기도 한다. 실시권에는 기술을 통상적으로 사용만 할 수 있는 권리인 통상실시권[70]과 기술을 독점적·배타적으로 사용할 수 있는 권리인 전용실시권[71]이 있다.

3) 스타트업의 기술이전 활용방안

기술이전을 통해 기업은 새로운 자금의 출처를 마련할 수 있다. 이를 통해 기업은 추가적인 기술개발을 실시하여 기술력을 높일 수 있고, 신

---

69 거래된 기술에 대한 사용료를 지불하는 방식 중의 하나로, 일정한 비율과 산정 기준에 의한 금액을 주기적으로 지불하는 방법.
70 특허법 제102조, 디자인보호법 제99조, 상표법 제97조
71 특허법 제100조, 디자인보호법 제97조, 상표법 제95조

사업분야에 투자하여 영역 확장을 시도할 수도 있다.

한편 대표이사가 개발한 기술을 법인에게 이전하는 형태의 양도형 기술이전 및 대표이사가 개발한 기술에 대한 실시권을 법인에게 설정하는 대여형 기술이전을 적절하게 이용하면, 법인의 가지급금 상계·저율과세·이익실현·자본금 증자 및 가업승계 등을 용이하게 실시할 수 있다.

(9) 특허의 자본화

●

A 스타트업 대표는 다수의 특허권을 보유하고 있다. 최근 A 스타트업 대표는 쌓여가는 법인의 가지급금 때문에 고민 중이었는데, 무형자산인 특허권을 이용하여 법인의 가지급금을 처리할 수 있다는 정보를 입수하여 이에 대해 자세히 알고 싶어 한다.

특허권은 본질적으로 기술에 대한 독점적, 배타적인 사용의 목적으로 이용되나, 무형재산의 특유의 성질에 따라 자본화되는 경우 절세 등에 이용될 수 있다. 특허권을 이용한 자본화에 대해서 알아보자.

1) 특허 자본화

특허 자본화란 특허권 등의 지식재산의 가치를 자본화하여 지식재산권의 가치평가액만큼 무형자산으로 기업에 현물출자[72]해 유상증자[73]하는 것을 의미한다. 즉 대표이사가 소유한 특허기술의 미래가치를 현가화하여 평가한 후 현물출자 형태로 법인에 출자하는 것이다.

스타트업을 위한 지식재산 가이드

특허권 등의 지식재산권은 양도 또는 양수가 가능하고 법인의 재무제
표상 자산계정[74]에 포함되기 때문에 유상증자가 가능하므로, 특허권을
이용하면 자본화를 실현할 수 있다.

2) 근거 및 효과

소득세법 제21조(기타소득) 제1항 제7호에 따라 산업재산권·영업권 등
의 무형적인 권리를 양도하거나 그 대가로 받는 금품은 사업소득·근로
소득·양도소득 외의 소득으로서 기타소득에 해당된다.

벤처기업 육성에 관한 특별조치법 제5조 및 법인세법 시행령 제89조
제2항에 의거하여 공인된 감정인의 감정에 따른 평가금액[75]을 기준으로
지식재산권은 법인에게 양도될 수 있는데, 이때 발생되는 기타소득 중
60%[76]가 필요경비로 인정되므로 이를 이용하면 절세[77]가 가능하다.

---

72 자본충실을 목적으로 금전 이외의 재산으로 실시하는 출자를 말한다. 현물출자는 동산, 부동산에
의해서도 가능하지만, 특허권과 같은 무형자산에 의해서도 가능하다.

73 기업이 주식을 추가로 발행해 자본금을 늘리는 것을 말한다.

74 자산의 증감·변화를 처리하는 계정을 말한다.

75 변리사, 감정평가사, 회계사, 박사(해당 기술분야) 등 전문위원으로 구성된 평가단이 권리성, 기술성,
사업성, 시장성(국내외)분석 등을 통해 지식재산의 가치가액을 산정하고 사업타당성을 검토하여 최
종적으로 지식재산에 대한 평가금액이 산출된다. 가치평가에 대한 비용은 평가기간, 평가인력, 평가
범위(지역, 기술 등), 업무의 난이도 등을 고려하여 결정된다.

76 2019년부터 필요경비율이 60%로 하향 조정되었다.

77 물론 이러한 거래가 반복해서 일어난다면 기타소득이 아니라 사업소득에 해당될 수 있음을 주의해
야 한다.

3) 특허 자본화의 활용

대표이사의 소득세 및 법인세 절감효과가 있다. 법인과 대표이사가 특허권 유상양수도 계약[78]을 체결하여 법인이 대표이사에게 대가를 지급하게 되면, 해당 특허를 활용하여 발생하는 매출에 따른 대가를 무형자산으로 계상하고 향후 일정기간 동안 무형자산상각비로 경비처리가 가능해지기 때문이다.

가지급금 및 부채비율 조정을 통해 기업 신용평가등급이 개선될 수 있다. 대표이사가 법인에게 특허권에 대한 실시권을 설정하고, 특허권 사용 실시료를 지급받는 경우 그 대가 금액의 일부분이 가지급금 정리에 사용되거나 기업의 유상증자 재원으로 활용될 수 있기 때문이다.

가업승계에 활용될 수 있다. 가업승계를 받을 상속인이 보유한 특허권을 이용해 자본증자를 진행하면, 상속인은 기업의 신규주식을 취득하게 되므로 지분이 상승하여 상속세가 절감되며, 법인은 취득한 무형자산을 상각비로 비용처리 하게 된다. 이에 따르면 무형자산의 가치감소분이 순자산가치 및 순손익가치의 하락에 반영되어 주식가치가 떨어지게 되는데, 이는 상속, 증여 관련 세금을 줄이게 된다.

상술한 바와 같은 특허 자본화는 법인의 가지급금 상계·저율과세·이익실현·자본금 증자 및 가업승계 등에 효과적으로 활용될 수 있다.

---

[78] 특허권을 이전 권리자가 새로운 권리자에게 유상으로 양수·양도한다는 내용으로 작성하는 계약서

(10) 특허를 이용한 인재 확보 방안

●

최근 빅데이터에 관련된 기술이 호황기에 접어들면서 A 스타트업 대표이사는 관련 기술자의 영입에 애를 먹고 있다. 단순히 높은 급여를 제시하는 것만으로는 유능한 기술자를 영입하기 쉽지 않다. 직무발명제도는 이런 부분에서 확실한 옵션이 될 수 있다. 직무발명제도가 무엇이고 어떻게 도입할 수 있는지에 대해 살펴보자.

1) 직무발명제도[79]란?

직무발명제도는 종업원[80]이 업무범위 내에서 연구·개발하여 완성한 직무발명[81]에 대한 권리를 사용자에게 승계하게 되는 경우 사용자가 종업원에게 정당한 보상을 주어야 함을 규정하는 제도이다.

직무발명제도를 이용하면 사용자와 종업원이 서로의 이익을 합리적으로 조절하는 것이 가능한데, 이에 따르면, 기업의 기술경쟁력이 높아져 매출 증대도 기대될 수 있다.

---

79 발명진흥법에서 직무발명제도를 규정하고 있다.

80 발명진흥법상 종업원은 사용자에 대하여 지시, 지휘, 명령, 감독을 받으며 사용자를 위하여 근로를 제공하는 자를 의미한다.

81 발명진흥법 제2조 제2호, 직무발명이란 "종업원, 법인의 임원 또는 공무원(이하 "종업원 등"이라 한다)이 그 직무에 관하여 발명한 것이 성질상 사용자·법인 또는 국가나 지방자치단체(이하 "사용자 등"이라 한다)의 업무범위에 속하고 그 발명을 하게 된 행위가 종업원 등의 현재 또는 과거의 직무에 속하는 발명"을 말한다.

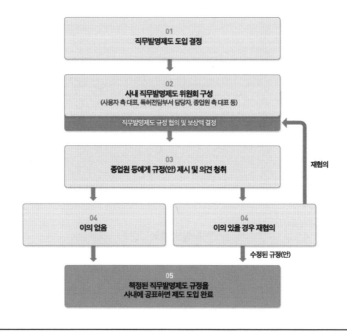

2) 직무발명제도 도입 및 권리관계

근로계약서, 고용계약서 또는 근무규정 등에 종업원이 직무발명을 하는 경우 기업에서 승계한다는 내용 및 승계하는 경우 종업원에게 정당한 보상을 준다는 내용이 기재되면 되고, 그 기재의 내용이 사내에 공표되면 된다.

종업원이 직무발명을 완성하게 되면, 종업원은 직무발명의 완성사실을 사용자에게 통지하여야 한다. 이러한 통지가 없는 경우 종업원은 직무발명에 대한 권리를 원칙적으로 가지게 되지만, 종업원이 사용자에게 직무발명을 양도하지 않더라도 사용자는 종업원의 직무발명이 특허등록을 받는 경우 무상의 통상실시권을 가지게 된다.

한편 직무발명 완성사실을 통지받은 사용자는 4개월 이내에 그 직무발명을 승계받을 것인지를 종업원에게 통지하여야 한다. 여기서 사용자가 직무발명의 승계 의사를 종업원에게 통지하는 경우 사용자는 직무발명에 대한 권리를 승계받게 되며 종업원은 정당한 보상금을 받을 권리를 가지게 된다.

여기서 사용자가 직무발명의 불승계 의사를 종업원에게 통지하는 경우 종업원은 직무발명에 대한 권리는 그대로 가지게 되지만 보상금을 받을 권리는 가지게 되지 못한다.

사용자가 직무발명 완성사실을 통지받고도 4개월 이내에 승계여부를 종업원에게 통지하지 않는 경우 종업원은 직무발명에 대한 권리를 그대로 가지게 되지만 사용자는 무상의 통상실시권을 가질 수 없게 된다.

3) 직무발명에 대한 보상

직무발명에 따른 특허를 받을 수 있는 권리[82]나 특허권을 사용자에게 승계하는 경우, 종업원은 정당한 보상을 받을 권리를 가진다.[83]

사용자가 직무발명에 대한 권리를 승계한 후 출원하지 않거나 출원을

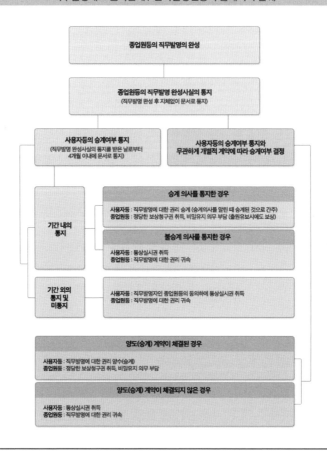

직무발명제도 권리관계 / 한국발명진흥회 홈페이지 발췌

종업원등의 직무발명의 완성

종업원등의 직무발명 완성사실의 통지
(직무발명 완성 후 지체없이 문서로 통지)

사용자등의 승계여부 통지
(직무발명 완성사실의 통지를 받은 날로부터
4개월 이내에 문서로 통지)

사용자등의 승계여부 통지와
무관하게 개별적 계약에 따라 승계여부 결정

기간 내의
통지

승계 의사를 통지한 경우
사용자등 : 직무발명에 대한 권리 승계 (승계의사를 알린 때 승계된 것으로 간주)
종업원등 : 정당한 보상청구권 취득, 비밀유지 의무 부담 (출원유보시에도 보상)

불승계 의사를 통지한 경우
사용자등 : 통상실시권 취득
종업원등 : 직무발명에 대한 권리 귀속

기간 외의
통지 및
미통지

사용자등 : 직무발명인 종업원등의 동의하에 통상실시권 취득
종업원등 : 직무발명에 대한 권리 귀속

양도(승계) 계약이 체결된 경우
사용자등 : 직무발명에 대한 권리 양수(승계)
종업원등 : 정당한 보상청구권 취득, 비밀유지 의무 부담

양도(승계) 계약이 체결되지 않은 경우
사용자등 : 통상실시권 취득
종업원등 : 직무발명에 대한 권리 귀속

포기·취하하는 경우에도 사용자는 종업원에게 정당한 보상을 하여야
한다.[84]

---

82 진정발명자에게 발생되는 권리로 특허를 받을 수 있는 권리가 있으면, 특허청에 출원하여 특허등록
을 받을 수 있다. 특허를 받을 수 있는 권리는 양도가능하다.

83 발명진흥법 제15조 제1항

스타트업을 위한 지식재산 가이드

상술한 보상금에 대한 구체적인 내용[85]은 사용자와 종업원 사이의 근무규정 또는 별도의 계약 등을 통하여 정할 수 있다.

4) 직무발명제도 도입 효과

직무발명에 대한 정당한 보상을 주어 종업원의 기술개발 의욕을 고취시킬 수 있다. 따라서 직무발명제도를 적절히 활용하면, 스타트업에 필요한 인재들을 모집하는 데 도움이 될 뿐만 아니라, 모집한 인재들이 유출되는 것도 효과적으로 방지할 수 있을 것이다.

한편 직무발명제도에 따르면, 사용자의 입장에서는 종업원이 발명한 핵심특허를 확보하여 기업의 기술경쟁력을 높이는 동시에 핵심특허를 활용하여 매출도 증대시킬 수 있을 것이다.

또한 직무발명제도 도입 기업에는 직무발명 보상금 지출비용에 대한 세액공제 혜택[86]이 주어지고, 각종 정부지원사업 대상자 선정 시에 가산점[87]도 주어진다.

---

84 발명진흥법 제16조

85 보상의 종류, 보상액의 결정기준, 보상액의 산정방법 등

86 <사용자> : 직무발명 보상금으로 지출한 금액에 대해서 연구개발비용으로 소득세 또는 법인세에서 세액공제(조세특례제한법 제9조, 제10조, 동법 시행령 제8조), <종업원> : 사용자로부터 받는 보상금에 대해 비과세 혜택(소득세법 제12조 제5호 라목)

87 <특허청> : 민간 IP-R&D 연계 전략 지원사업, 특허기술의 전략적 사업화 지원사업, 지역지식재산 창출 지원사업, <중소기업청> : 중소기업 기술혁신 개발사업, 융·복합기술 개발사업, 상용화기술 개발사업, 창업성장기술 개발사업, 제품·공정개선 기술개발, <미래부> SW 공학기술 현장적용 지원사업

발명진흥법상 종업원에는 대표이사도 포함되므로, 대표이사가 개발한 발명도 직무발명에 해당될 수 있다. 따라서 대표이사가 법인과의 관계에서 직무발명제도를 활용하면, 법인의 가지급금 처리의 근거가 마련될 수 있다. 즉, 스타트업 대표이사가 직무에 대한 발명을 한 다음, 이를 법인에게 승계하면서 보상금을 발생시키면, 스타트업 대표이사는 법인으로부터 보상금을 받을 수 있게 되므로 법인의 가지급금이 적법하게 감소될 수 있는 것이다.

(11) R&D 전략을 위한 특허분석

A 스타트업은 빅데이터를 수집, 가공한 후 데이터베이스화하여 정보를 판매하고 있다. A 스타트업이 사용하고 있는 빅데이터 수집 기술은 종래의 일반적인 웹크롤링 방법이다. A 스타트업의 기술 연구소장인 B 소장은 데이터 수집 효율을 향상시키기 위해 기존의 웹크롤링 방법을 조금 수정하여 웹크롤링 속도를 향상시키고자 한다. A 스타트업은 아직까지 많은 투자를 받고 있지 못한 상황이기 때문에 B 연구소장은 기술개발의 구체적인 방향성을 설정하는데 기초하는 자료 수집에서부터 애를 먹고 있다.

1) 특허분석이란

특허분석이란 특허정보가 가지고 있는 정보를 분석자의 의도에 맞게 여러 형태로 정리, 분석, 가공한 후 이를 전문가가 해석하는 일련의 과정을 의미한다. 특허분석은 분석자의 분석 의도에 따라 여러 가지 형태를

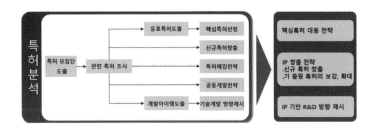

기술 R&D 전략을 수립하기 위한 특허분석의 프로세스 예시

가질 수 있는데, 일반적으로 경영 전략 수립을 위한 분석, 기술 R&D 전략을 수립하기 위한 분석, 특허 전략을 수립하기 위한 분석으로 구분될 수 있다.

경영 전략 수립을 위한 특허분석은 기업의 경영 전략 또는 연구개발 전략을 수립하기 위해 해당 기술분야 기업들의 특허 동향을 조사, 분석하는 것으로, 기업의 대표 또는 연구소의 연구소장에게 유용한 정보를 제공한다. 경영 전략 수립을 위한 특허분석에 따르면, 관련 기술의 전체적인 기술변화의 경향을 파악하거나, 경쟁기업의 기술동향 및 연구개발 경쟁력을 조사할 수 있다.

기술 R&D 전략을 수립하기 위한 분석은 관련 기술의 특허 조사를 통해 공백 기술 발견 및 기술의 시장 파급효과를 확인하고, 중복 연구를 방지하는 목적으로 사용된다. 기술 R&D 전략을 수립하기 위한 분석은 주로 신제품 개발이나 기획단계에서 유용하게 활용될 수 있다.

특허 전략을 수립하기 위한 분석은 특허등록 가능성, 특허 포트폴리오 구축, 특허의 보호범위확인 등의 목적으로 사용된다. 근래에 중소기업, 대기업을 가리지 않고 특허침해, 저촉 문제가 이슈되고 있어 스타트업에서는 필수적으로 사용되어야 하는 분석이다.

2) 특허분석 프로세스

특허정보는 권리정보와 기술정보로 나눌 수 있는데, 권리정보에 대한 부분은 정량적인 방법으로 분석되며, 기술정보는 정성적인 방법으로 분석될 수 있다. 권리정보에 대한 정량적인 분석에 따르면, 특허기술의 연도별 동향, 특허기술의 국가별 동향, 특허기술의 기업별 동향, 특허기술의 기술분야별 동향을 파악할 수 있다. 또한 기술정보의 정성적인 분석에 따르면, 해당 기술분야의 핵심특허 및 해당 기술분야의 기술흐름을 파악할 수 있고, 핵심특허의 권리범위를 확인하여 침해 가능성을 판단할 수 있고, 해당 기술분야의 공백 기술 부분을 파악할 수 있다.

특허분석은 다음과 같은 과정을 통해 실시된다. 먼저 조사할 기술분야의 특허를 포괄적으로 검색하기 위해 검색식을 완성한 후, 완성된 검색식으로 특허 검색을 실시하여 로데이터(Raw Data)를 확보한다. 이후, 로데이터에서 조사자가 의도한 기술분야 이외의 기술분야의 특허정보, 즉, 노이즈를 제거한 다음, 통계 분석에 용이하도록 데이터를 적절하게 가공한다. 이후, 가공된 데이터를 정량적, 정성적으로 분석한 후, 분석된 결과를 이용해 시사점을 도출함으로써 의도하였던 특허 전략을 수립하는 과정[88]으로 마무리된다.

스타트업을 위한 지식재산 가이드

3) 특허분석의 시기

특허분석은 시기가 매우 중요하다. 제품의 개발이 완료된 후 양산되고 있는 상황에서 특허분석을 실시한다고 가정하자. 특허분석을 통해 양산되고 있는 제품이 경쟁업체의 등록특허를 침해할 가능성이 높다고 판단되면, 특허침해를 회피하여 제품 전체를 다시 설계해야 한다.[89] 따라서 제품 기획단계부터 제품 출시단계에 이르는 각각의 단계마다 특허분석을 모두 실시하는 것이 가장 바람직하다. 제품 기획단계에서는 기술 R&D 전략을 수립하기 위한 분석과 특허 전략을 수립하기 위한 분석을 실시하되, 이에 따라 기획된 제품의 기본 아이디어가 타 업체의 특허에 저촉되는지 여부를 위주로 검토를 수행하는 것이 바람직하다.

4) 특허분석 예시

다음 페이지부터 수록된 자료는 기술 R&D 전략을 수립하기 위한 분석보고서의 예시 목차와 분석을 통해 도출되는 결과 그래프 및 차트의 예시이다.

---

88 이러한 과정을 통해 '특허동향보고서'가 결과물로 작성된다.
89 상기 상황에서는 경쟁사의 특허를 매입하거나, 크로스라이센스를 체결하는 방법, 통상시실권허여심판을 청구하는 방법 등으로 접근해야 한다. 이러한 방법들은 많은 비용과 시간적 소모를 발생시킨다.

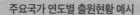

주요국가 연도별 출원현황 예시

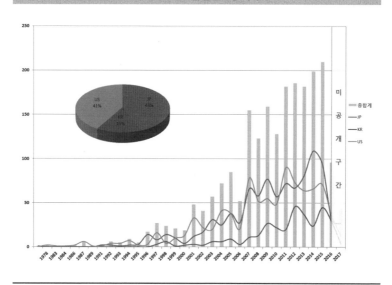

주요국 특허출원 동향 분석 예시

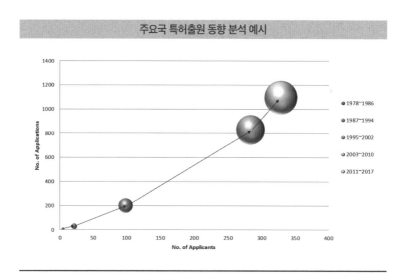

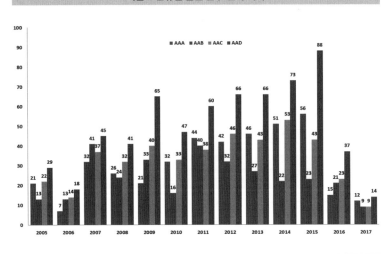

기술 소분류별 출원 건수 분석 예시

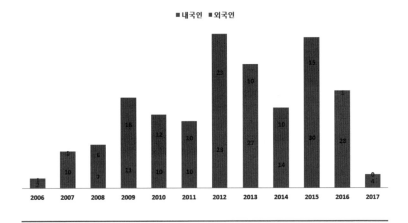

한국시장에서의 내외국인 출원현황 분석 예시

스타트업을 위한 지식재산 가이드

2) 모터구동방식(AAA)

발명의 명칭	코골이 및 수면 무호흡 감지 및 치료 시스템		
출원인	연세대학교 산학협력단, 지웰전자 주식회사	출원국가	한국
등록번호	10-1695223	출원일	2015 년 06 월 12 일
기술 분야 (해당 소분류)	AAA	출원/등록/공개 여부	등록
기술 요약	본 발명은 코골이 및 수면 무호흡 감지 및 치료 시스템에 관한 것으로서, 환자로부터 발생하는 진동 및 소음을 감지하는 감지장치, 상기 환자의 입안에 착용하는 치료장치 및 상기 감지장치가 전송하는 진동 및 소음에 대한 신호를 분석하여 상기 치료장치의 구동을 제어하는 제어장치를 포함하는 것을 특징으로 한다. 본 발명에 따르면, 코골이 및 수면 무호흡 감지장치를 패드 형식의 필름 타입으로 형성한바, 전체 수면 무호흡 감지장치의 부피가 획기적으로 줄어들 수 있으므로, 환자가 코골이 및 수면 무호흡 감지장치가 설치된 흉부용 밴드를 장시간 착용하여 수면 무호흡 검사를 받아도 기존 수면 무호흡 감지장치를 착용한 것과 같은 답답함과 불편함을 느끼지 않고, 정상적인 수면상태에 쉽게 이를 수 있으며, 환자로부터 발생하는 진동 및 소음을 감지하는 센서부가 압전효과를 이용한 피에조 필름을 이용하므로, 주변 온도 변화에 큰 영향을 받지 않고, 수면 무호흡 상태를 정확하게 감지할 수 있는 효과가 있다.
대표 도면	
대표 청구항	환자로부터 발생하는 진동 및 소음을 감지하는 감지장치; 상기 환자의 입안에 착용하는 치료장치; 및 상기 감지장치가 전송하는 진동 및 소음에 대한 신호를 분석하여 상기 치료장치의 구동을 제어하는 제어장치;를 포함하고, 상기 제어장치는, 상기 감지장치가 전송하는 진동 및 소음에 대한 신호를 분석하여 상기 환자의 호흡률(RR, Respiratory Rate)을 산출하는 호흡률 산출부; 상기 감지장치가 전송하는 진동 및 소음에 대한 신호를 분석하여 상기 환자의 분당 호흡량(MV, Minute Ventilation)을 산출하는 분당 호흡량 산출부; 및

JP2000-000000		근거	비고
청구항	구성요소		
1	시드광으로서 연속 레이저 광을 이용하고, 여기광으로서 펄스 광을 이용하여 여기광의 펄스 주기에 맞추어 변조/증폭된 펄스 형태의 출력광을 구현.	선행문헌 JP2000-000000에는 시드광으로서 연속 광 형태의 광신호를 이용하고, 펄스구동부에 의하여 구동되는 여기용 광원을 이용하여 파이버 증폭기를 통하여 펄스 출력광을 구현하는 기술이 개시되어 있음.	동일
2	증폭기로서, 더블 클래드 구조의 희토류 원소 첨가 광파이버	선행문헌 JP2000-000000에서 인용하는 JP00-000000호에는 증폭용 광파이버가 개시되어 있음.	유사
3	희토류 원소로서 Yb와 Er을 예시함	선행문헌 JP2000-000000에서 인용하는 JP00-000000호에는 증폭용 광파이버에 Er이 첨가된 구성이 개시되어 있음.	유사
4	여기광은 신호광과 동일한 방향에서 광 파이버에 입사됨	선행문헌 JP2000-000000에는 광신호와 동일한 방향에서 파이버 증폭기에 입사되는 여기광이 개시되어 있음.	동일
4	여기광은 신호광과 동일한 방향에서 광 파이버에 입사됨	선행문헌 JP2000-000000에는 광신호와 동일한 방향에서 파이버 증폭기에 입사되는 여기광이 개시되어 있음.	동일
5	여기광은 신호광과 반대 방향에서 광파이버에 입사됨	선행문헌 JP2000-000000에는 광신호와 반대 방향에서 파이버 증폭기에 입사되는 여기광이 개시되어 있음.	동일
6	광원부는 서로 다른 파장의 복수의 연속 레이저 광을 출력하며, 복수의 연속 레이저 광은 편광파이에 의하여 합파됨	선행문헌 JP2000-000000에는 서로 다른 파장의 광을 출력하는 광원(11)과 보조용 반도체 레이저(51, 54) 및 이 두 광을 합파하는 WDM소자(52) 및 편광합성소자(55)가 개시되어 있음.	동일
소결	JP2000-000000의 청구항1-6에 기재된 파이버 레이저 장치는 선행문헌 JP2000-000000, JP00-000000, JP2000-000000호에 거의 동일하게 개시되어 있으며, 따라서, JP2000-000000가 현재 심사미청구 상태이나, 추후 심사청구를 진행하더라도 청구항1-6의 등록 가능성은 매우 낮으며, 설령 등록된다고 하더라도 진보성 결여에 의한 무효 사유를 내포할 것으로 예상됨.		

5) 특허분석 지원사업

살펴본 바와 같이, 특허분석보고서는 스타트업의 R&D 방향성을 결정하고, 장래의 지식재산 분쟁을 예방하는 데 큰 도움이 된다. 특허분석을 실시하기 위해서는 수백만 원에서 많게는 수천만 원까지 비용이 소요되므로 스타트업 입장에서는 매우 부담스러운 것이 사실이다. 이러한 스타트업, 중소기업을 위해 여러 정부 기관[90]에서 특허분석 비용을 최대 90%까지 지원하고 있다. 지원사업은 연초에 접수를 받는데, 당해연도 6~9월 정도가 되면 예산이 바닥나 대부분 종료된다. 그러므로 지원사업에 신청하고자 할 때는 연말에 미리 내년 일정을 파악하여 접수서류를 준비하고 있다가 다음 해 초에 바로 접수하는 것이 좋다.

---

90 한국발명진흥회, 한국지식재산보호원, 한국지식재산전략원 등이 있다.

1.3

상표권

A 스타트업 대표이사는 20대 여성을 타겟으로 한 속옷 판매업을 운영할 계획에 있다. A 스타트업 대표이사는 속옷 판매를 위해 "X" 인터넷 쇼핑몰을 개설한후, "X"에 대해 상표등록을 마쳤다. 이후, A 스타트업 대표이사는 속옷 판매업을 본격적으로 시작하려 하였는데, 최근 지인으로부터 스타트업 상호인 "Y"도 상표로 등록해야 한다는 사실을 전해 들었다. "Y"의 상표등록은 반드시 필요한 것일까?[91]

아이디어상품 판매업, 의류 판매업, 플랫폼 사업, 요식업 프랜차이즈업 관련 창업에 있어서는 특허권의 확보보다 상표권의 확보가 훨씬 중요하다. 상표란 무엇인가? 상표의 정확한 개념, 등록 절차, 효력, 상호와의 차이점, 상표등록 요건 등에 대해서 알아본다.

---

91 Y가 상표적으로 사용되는 경우, 즉, 출처표시로 사용되는 경우 Y에 대해서도 상표등록이 필요하다. 하지만, Y가 보통의 방법으로 상호로만 사용된다면 상표등록을 하지 않아도 무방하다.

(1) 상표권 일반

상표제도는 상표를 보호함으로써 상표 사용자의 업무상 신용유지를 도모하여 산업발전에 이바지하고, 수요자의 이익을 보호하기 위해 상표를 선택하고 사용하는 자에게 독점, 배타적인 상표권을 부여하는 제도이다.

1) 의의 및 법적성질

상표권은 설정등록을 받을 상표를 상표법에서 정한 범위 내에서 독점 배타적으로 사용할 수 있는 권리[92]로, 상표 사용자의 업무상 신용을 보호하는 기능과 수요자의 출처오인혼동을 방지하는 기능을 수행한다. 상표권자는 등록상표를 독점적으로 사용할 수 있고, 타인의 상표권의 보호범위 내에서 상표를 무단으로 사용하는 것을 배타적으로 배제할 수 있다.

2) 보호대상 및 보호범위

상표권의 보호범위는 상표출원서에 첨부된 상표와 상표출원서에 기재된 지정상품에 의해서 정해진다.[93] 따라서 상표의 보호범위를 판단하기 위해서는 상표와 지정상품 각각에 대한 해석[94]이 필요하다.

---

92 윤선희, 상표법 제2판, 2014, 478면

93 상표법 제89조

94 대상상표의 호칭·외관·관념 중 어느 하나가 등록상표의 호칭·외관·관념 중 어느 하나와 동일·유사하고, 대상상표의 지정상품이 등록상표의 지정상품과 동일·유사한 경우 대상상표는 등록상표의 보호범위에 포함된다.

3) 존속기간

상표권의 존속기간이란, 상표권자가 상표를 독점적으로 실시할 수 있는 기간을 의미한다. 상표권은 상표권의 설정등록이 있는 날부터 10년 동안 유지[95]되나, 특허권, 디자인권과는 다르게 계속하여 10년 단위로 연장함으로써 영구적으로 사용[96]할 수 있다. 상표권은 기술 등의 공개 대가로 일정한 기간을 보호하는 특허권, 디자인권과는 본질적으로 차이가 있다. 즉, 상표권은 자타상품의 식별을 기본적 기능으로 하고 있기 때문에 시장 유통질서의 확립이라는 차원에서 상표권에 존속기간의 영구적 갱신을 부여하는 것이다.[97]

(2) 상표출원부터 상표등록까지

●

1) 절차

상표출원서가 특허청에 제출되면, 상표출원 절차가 개시된다. 먼저, 특허청에서는 방식심사[98]를 통해 방식상의 흠결 유무를 검토한 후, 실체심사를 통해 상표의 등록 가능성을 판단한다. 특허청은 출원된 상표에 거절이유를 발견할 수 없으면, 출원공고[99]를 하게 되며, 이후 일정기간 후에 상표등록 결정을 하게 된다. 한편 실체심사를 통해 상표에 거절

---

95 상표법 제83조 제1항
96 상표법 제83조 제2항
97 윤선희, 위의 책, 479면
98 출원서나 명세서 등의 출원 서류가 법에서 정하는 절차적, 형식적 요건을 구비하고 있는지를 심사하는 일.

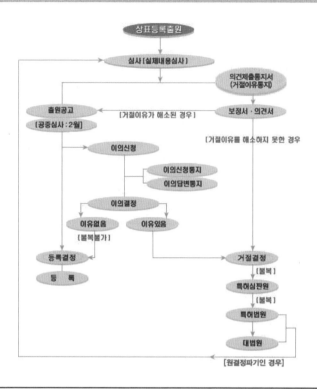

이유가 있다고 판단되는 경우 특허청은 출원인에게 의견을 진술할 기회[100]를 주게 된다. 이후, 출원인이 이에 대응하여 의견을 개진함으로써 상표에 거절이유가 없음을 입증하게 되면, 특허청은 출원공고 후 상표등록

---

99 상표법 제57조. 출원공고란 심사관이 상표출원에 대해 거절이유를 발견할 수 없어 상표등록을 해야 하는 경우 공중에게 이 사실을 알려 일정기간 동안 이의신청을 할 기회를 주는 제도이다. 출원공고에 따르면, 심사의 공정성을 기함과 동시에 등록 후에 발생할 수 있는 상표분쟁을 미연에 방지할 수 있다.

100 '의견제출통지'를 통해 의견제출 기회를 준다.

결정을 하게 된다. 한편 출원인의 의견 개진을 통해서도 상표 거절이유가 해소되지 않으면 상표는 거절결정[101]되는데, 이후 출원인은 거절결정불복심판[102]과 같은 절차를 이용해 이를 다툴 수 있다. 살펴본 바와 같이 상표의 출원부터 등록까지의 절차는 특허의 절차와 유사한 형태로 진행된다.

2) 기간

일반적으로 상표출원부터 상표등록까지는 9개월~12개월 사이의 기간이 소요된다. 그러나 특정한 요건[103]이 만족되는 경우 우선심사를 신청하게 되면, 상표출원부터 상표등록까지의 기간을 50% 이상 단축할 수 있다.

(3) 상표권의 효력

●

상표권자는 지정상품에 관하여 그 등록상표를 사용[104]할 권리를 독점[105]하며, 등록상표와 동일·유사한 범위 내에서의 타인의 무단사용에

---

101 상표를 허여할 수 없다는 행정청의 결정

102 거절결정에 불복하여 제기하는 행정심판. 특허심판원에 청구한다.

103 상표출원 후 제3자의 무단실시의 경우, 출원인이 상표출원한 상표를 지정상품 전부에 대하여 사용하고 있거나 사용할 준비를 하고 있음이 명백한 경우, 상표출원인이 그 상표출원과 관련하여 다른 상표출원인으로부터 법 제58조 제1항에 따른 서면 경고를 받은 경우, 상표출원인이 그 상표출원과 관련하여 법 제58조 제1항에 따른 서면 경고를 한 경우 등에는 우선심사를 신청할 수 있다.

104 "상표의 사용"이란, 상품 또는 상품의 포장에 상표를 표시하는 행위, 상품 또는 상품의 포장에 상표를 표시한 것을 양도 또는 인도하거나 양도 또는 인도할 목적으로 전시·수출 또는 수입하는 행위, 상품에 관한 광고·정가표(定價表)·거래서류, 그 밖의 수단에 상표를 표시하고 전시하거나 널리 알리는 행위를 의미한다. (상표법 제2조 제1항 제11호)

대해서는 배타적으로 민형사상 조치[106]를 취할 수 있다. 이러한 상표권의 효력은 상표권이 존속하는 기간 동안 대한민국 내에서[107] 미치게 된다. 따라서 대한민국에서 상표권이 있다 하여도 일본이나 미국 등의 타국에는 대한민국 상표권의 효력을 주장할 수 없다.

(4) 상표등록 요건

A 스타트업 대표는 사업 초기부터 B 상표를 사용하고 있었는데, 최근 B 상표와 유사한 상표인 B' 상표를 사용하는 C 기업으로부터 상표침해에 대한 경고장을 받았다. 이에 A 스타트업 대표는 자신이 예전부터 사용하고 있었던 B 상표를 등록함으로써 대응하고자 한다. B 상표는 등록받을 수 있을까?[108]

브랜드 개발에 앞서 상표등록 요건을 검토하는 것은 필수적이다. 상표등록 요건의 검토 없이 브랜드를 먼저 개발하는 경우 상표권 획득에 실패할 가능성이 높다. 상표권 획득에 실패한 브랜드는 경쟁업체에 의해 쉽게 모방될 수 있고, 희석화[109]될 가능성이 높기 때문에 브랜드 개발에 투여된 자본, 노동력을 물거품으로 만든다.

---

105 상표법 제89조

106 상표법 제109조, 제230조 등

107 상표법은 특허법과 마찬가지로 속지주의 원칙을 따른다.

108 B' 상표가 먼저 출원되어 등록되었기 때문에 후에 출원한 B 상표는 등록받을 수 없다. 하지만 A 스타트업이 B 상표를 꾸준히 사용하여 수요자에게 널리 알려진 상태라면, 선사용권을 주장하여 B 상표를 계속적으로 사용할 수 있다.

109 희석화는 타인의 저명한 상표와 동일·유사한 상표를 상표권자의 허락 없이 출처혼동 가능성이 없는 비유사범위에서 사용하여 타인의 저명한 상표의 식별력 및 가치가 감소되는 것을 의미한다.

상표를 등록받기 위한 요건으로는 여러 가지가 있으나, 실무적으로 가장 중요한 요건을 꼽자면, 상표의 식별력이 있는지 여부, 먼저 출원된 또는 먼저 등록된 동일·유사[110]한 상표가 있는지 여부를 들 수 있다.[111]

1) 식별력 유무

상표의 식별력(Distinctiveness)[112]이란 상표가 그 상표가 사용된 자기의 상품과 타인의 상품을 구별할 수 있게 하는 것[113]을 의미한다. 상표는 식별력이 있어야 상표로서 기능을 발휘할 수 있기 때문에, 식별력이 없는 상표는 상표등록을 받을 수 없다.

한편 어떠한 상표가 식별력이 있는지 여부는 지정상품과의 관계에서 파악되어야 한다. 예를 들면 지정상품 "사과"에 대한 상표로 "홍옥"의 경우 "홍옥"이라는 단어가 사과의 품종을 의미하므로 기술적(記述的)상표에 해당하여 식별력이 없다. 그러나 지정상품 "스마트폰"에 대한 상표로 "홍옥"은 지정상품과의 기술적 관련성이 없으므로 식별력이 있다고 볼 수 있다.

---

110 동일하거나 유사한 것을 의미한다.

111 이외에도 국기, 국제기구의 기장 등과 동일·유사한 상표, 통상적인 도덕관념인 선량한 풍속에 어긋나는 등 공공의 질서를 해칠 우려가 있는 상표, 저명한 타인의 성명을 포함하는 상표 등은 상표등록을 받을 수 없다.

112 식별력의 본질에 대해서는 의견의 대립이 있으나, 일반적으로는 다수의 사람이 사용하고 있거나 사용될 수 있는 것이기 때문에 특정인의 상품을 표시하는 상표로서 기능하지 않는다는 자타상품식별설과 일반 사람들에게 사용을 인정하여야 할 단어이기 때문에 특정인에게 독점하게 할 수 없다는 독점적응설을 모두 포함하는 개념으로 이해된다.

113 특허법원 지적재산소송실무연구회, 지적재산소송실무(2010), 489면

식별력이 없는 상표의 예시로는 보통명칭상표[114], 관용상표[115], 기술적 상표[116], 현저한 지리적 명칭으로 된 상표[117], 흔히 있는 성 또는 명칭으로 된 상표[118], 간단하고 흔히 있는 표장으로 된 상표[119] 등이 있다.

한편 기술적 상표와 같이 식별력이 없는 상표라 할지라도 지속적인 사용에 의해서 수요자들 사이에서 식별력이 인정되는 상표의 경우 예외적으로 상표를 등록[120]받을 수 있다. 이때 출처표시의 식별은 출원인이 입증해야 하는데, 상표가 어느 정도 광고·선전된 사실 또는 외국에서 등록된 사실만으로는 이를 추정할 수 없고, 특정인의 상품 출처표시로 식별할 수 있게 되었음이 '증거'로 명확하게 되어야 한다.[121]

---

114 상표법 제33조 제1항 제1호, 자동차에 대한 상표로 "CAR", 피복에 대한 상표로 "청바지", 보험업에 대한 상표로 "생명보험" 또는 "자동차보험" 등

115 상표법 제33조 제1항 제2호, 과자에 대한 상표로 "깡", 음식점업에 대한 상표로 "가든", 컴퓨터에 대한 상표로 "MICOM" 등

116 상표법 제33조 제1항 제3호, 지정상품의 산지(産地)·품질·원재료·효능·용도·수량·형상·가격·생산방법·가공방법·사용방법·시기 등을 보통의 방법으로 표시한 상표를 의미한다. 예를 들면, 두부에 대한 상표로 "초당", 자동차에 대한 상표로 "SPRINTER", 샴푸에 대한 상표로 "KERATIN" 등이 있다.

117 상표법 제33조 제1항 제4호, 지정상품과의 관계를 불문하고 적용되는 조문이다. 예를 들면 백암, 긴자, 천마산, 장충동, 종로, 베네치아, 핀란디아 등은 지정상품과의 관련성을 불문하고 등록될 수 없다.

118 상표법 제33조 제1항 제5호, 지정상품과의 관계를 불문하고 적용되는 조문이다. 예를 들면 PRESIDENT, COMPANY, PLAZA 등은 지정상품과의 관련성을 불문하고 등록될 수 없다.

119 상표법 제33조 제1항 제6호, 지정상품과의 관계를 불문하고 적용되는 조문이다. 예를 들면 단순한 원모양, 세모 모양, 알파, A, B, 가, ?, 4 등은 지정상품과의 관련성을 불문하고 등록될 수 없다.

120 상표법 제33조 제2항, 상표법 제33조 제1항 제3호부터 제6호까지에 해당하는 상표라도 상표등록출원 전부터 그 상표를 사용한 결과 수요자 간에 특정인의 상품에 관한 출처를 표시하는 것으로 식별할 수 있게 된 경우에는 그 상표를 사용한 상품에 한정하여 상표등록을 받을 수 있다.

121 대법원 1999.9.17. 선고 99후1645 등

2) 선출원 또는 선등록된 동일·유사[122]한 상표의 존재 유무

동일·유사한 상품에 사용할 동일·유사한 상표에 대하여 다른 날에 둘 이상의 상표등록출원이 있는 경우에는 먼저 출원한 자만이 그 상표를 등록받을 수 있다.[123] 이러한 규정을 선출원주의라고 한다. 따라서 동일한 상표, 지정상품을 지정한 복수개의 상표출원 중 후에 출원한 상표는 선출원주의에 의해서 등록을 받을 수 없다. 상표는 신규성, 진보성을 다투는 특허와는 달리, 선택의 문제이기 때문에 이미 공개된 명칭이라고 하더라도 먼저 선택하여 출원하는 사람에게 권리가 주어진다. 따라서 상표의 경우 하루라도 먼저 출원을 하여 선점하는 것이 중요하다.

선출원(先出願)에 의한 타인의 등록상표와 동일·유사한 상표로서 그 지정상품과 동일·유사한 상품에 사용하는 상표는 등록을 받을 수 없다.[124] 그러므로 상표출원 전에 이미 등록되어 있는 타인의 상표를 미리 검색함으로써 선점되어 있지 않은 상표를 전략적으로 검토하는 것이 필요하다.

---

122 상표의 유사여부는 선후원 양 상표가 유사한지 여부와 선후원 양 지정상품이 유사한지 여부를 검토하여 판단한다. 즉 양 상표가 유사하다는 것은 상표와 지정상품이 모두 서로 유사한 경우이다. 상표의 유사여부 판단은 양 상표를 전체적·객관적·이격적으로 관찰하였을 때 양 상표가 유사하여 수요자의 입장에서 출처혼동이 발생되는지의 여부를 기준으로 판단한다. (혼동이 발생하면 유사한 상표인 것이다.) 보다 구체적으로 상표의 유사여부는 양 상표의 호칭·외관·관념을 대비하여 판단하는데, 심사실무는 호칭, 외관, 관념 중 중 어느 하나라도 유사한 경우 양 상표를 유사하다고 판단한다. 한편 지정상품의 유사여부는 지정상품의 품질·형상·용도·생산부문·판매부문 등의 거래계 실정을 상호 비교함으로써 판단한다.
123 상표법 제35조
124 상표법 제34조 제1항 제7호

(5) 상표와 상호의 비교

●

상호는 상인이 영업에 관해 자기를 표시하는 데 쓰는 명칭[125]을 의미하며, 상표는 상품의 출처표시를 나타내기 위한 것으로 양자는 차이가 있다. 그러나 최근 기업들이 상호와 상표를 일치시키는 경향이 있고 실제 거래계에서 양자는 혼용되기도 하므로 상호와 상표의 구별은 쉽지 않다.[126]

상호는 상표와는 달리 문자만으로 표현된다는 점, 상표는 특허청에 등록하는 데 반해 상호는 등기소 등록을 통해 등록된다는 점, 상표의 경우 특허청에 출원 또는 등록되면 타인의 동일한 상표의 후출원을 배제할 수 있으나, 상호의 경우 타인이 등기한 동일한 상호는 동일한 특별시·광역시·시·군에서만 동종영업의 상호로 등기하지 못한다는 점[127]에서 상호와 상표는 차이[128]가 있다.

따라서 상호를 자신의 상품 또는 서비스업의 출처표시 용도로 사용한다면, 상호도 상표로 반드시 등록해야 할 것이며, 상호 이외에 별도의 브랜드가 있고 그 브랜드만을 상표적으로 사용하는 경우에는 별도로 상호를 상표로 등록할 필요는 없다.

---

125 즉, 단순하게 상호란 회사의 이름 자체를 의미한다.
126 상호가 사용됨으로써 상표적으로 기능할 수 있는 경우가 있기 때문이다.
127 상법 제22조
128 상호의 경우 상표와는 달리, 등록함으로써 독점·배타적인 효력을 전국에 미치게 하는 효과가 없다.

(6) 상표등록 이후

●

상표는 등록공고 이후, 일정기간이 경과하면 등록 결정되며, 이후 출원인이 특허청에 설정등록료를 납부하게 되면 설정등록된다. 설정등록료는 1상품류 구분마다 부여되며, 1상품류에 지정상품이 20개가 초과하는 경우 초과된 개수에 소정의 가산료가 붙는다.[129] 설정등록료를 납부하여 상표가 설정등록되면, 10년 동안 사용할 수 있다. 10년의 기간이 도과하면 다시 10년 사용료를 납부하여 갱신할 수 있다.[130] [131]

(7) 국제상표

●

A 스타트업 대표이사는 고급 여성 의류 브랜드를 개발하여 런칭하였다. 그 브랜드는 특유의 디자인과 품질로 해외에서 큰 인기를 끌고 있다. 이에 A 스타트업 대표이사는 해외에 직영 매장을 설치하는 등 보다 적극적으로 판매를 개시하고자 한다. 스타트업의 브랜드를 해외에서 보호받기 위해서는 어떠한 절차를 밟아야 할까?

---

129 1류마다 기본설정등록료가 211,000원이며, 지정상품 20개 초과 시 1개마다 2,000원이 가산된다.
130 5년마다 분할 납부하는 것도 가능하다.
131 상표권은 특허권 및 디자인권과 달리 영구적으로 권리의 갱신이 가능하다. 상표권은 특허권 및 디자인권과 달리 상표권자의 신용을 보호하고 출처의 오인혼동을 방지하기 위한 것이 목적이기 때문이다.

1) 국제출원

상표의 경우에도 앞서 특허에서 설명하였던 바와 마찬가지로 원칙적으로 속지주의를 따르기 때문에 효력을 미치고자 하는 국가에 모두 출원해야 한다. 이러한 방식이 전통적인 국제출원의 방식인데, 이를 "개별국"출원이라고 부른다.

한편 특정 국가들은 연합하여 상표의 제도적인 통일을 기하는 '국제상표출원제도'를 실시하기로 합의하였는데, 국제상표제도인 "마드리드출원"이 그것이다.

2) 개별국출원(파리조약 시스템)

상표권을 획득하고자 하는 국가에 개별적으로 출원하는 방법이다. 일반적으로는 국내에 상표출원을 한 다음, 우선권 주장기간(6개월) 내에 우선권을 주장[132]하면서 해당 개별국에 상표출원을 한다.

국내에 상표등록출원을 하고 6개월 이내에 국내 출원을 기초로 하는 우선권을 주장하면서 해외에 출원하는 경우, 출원일의 선후원판단과 관련하여 6개월 이내의 출원일 소급효과를 받을 수 있다.[133]

---

[132] 상표법 제46조, 제2국(후출원국가)에서의 상표출원일을 제1국(선출원국가)에서의 상표출원일로 소급시킬 때 제2국에서 출원을 실시하면서 주장(출원서에 기재)한다.

[133] 국내 상표출원 후 6개월이 지난 후라도 해외에 상표출원을 할 수 있다. 다만, 이 경우에는 우선권의 주장의 효과를 받을 수 없다. 따라서 해외에 상표출원을 하는 경우에는 반드시 국내 상표출원 후 6개월 이내에 해외에 상표출원을 해야 선후원관계에서 6개월 이내의 출원일 소급효과를 받을 수 있다.

스타트업을 위한 지식재산 가이드

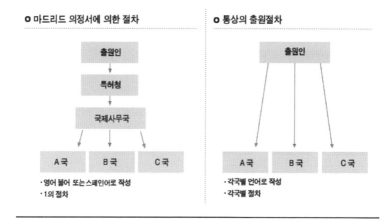

o 마드리드 의정서에 의한 절차

출원인

특허청

국제사무국

A국   B국   C국

· 영어 불어 또는 스페인어로 작성
· 1의 절차

o 통상의 출원절차

출원인

A국   B국   C국

· 각국별 언어로 작성
· 각국별 절차

3) 마드리드 시스템

마드리드 의정서[134]에 따르면, 국내 특허청을 통해 하나의 국제출원서를 제출하는 것만으로도 복수 개의 마드리드 의정서 가입국[135]에서 동일한 날짜에 상표를 출원한 것과 같은 취급을 받을 수 있다.

따라서 마드리드 시스템을 이용하면, 해외상표등록 절차가 매우 간소화되고, 비용도 절감할 수 있는 효과가 있다.

다만, 마드리드 시스템에 따른 국제출원을 하기 위해서는 국내에 기초가 되는 상표등록 또는 상표등록출원이 있어야 한다. 그러므로 국내

---

134 마드리드 의정서의 공식 명칭은 "Protocol relating to the Madrid Agreement Concerning the International Registration of Marks"이다.

135 2019년 기준 마드리드 의정서 가입국은 미국, 일본, 중국, 한국 등 104개국이다.

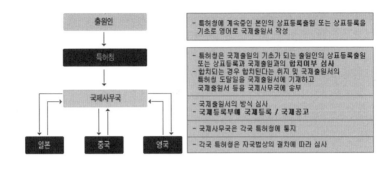

에 출원한 상표가 없거나 등록된 상표가 없는 경우에는 마드리드 시스템에 따른 국제출원은 불가능하다.

마드리드 시스템에 따른 국제출원에 의하면, 각 가입국으로 대리인의 선임 없이 자동적으로 진입[136]할 수 있다는 장점이 있다. 각 가입국에서 상표의 심사결과, 상표에 거절이유가 발견되지 않으면 상표는 그대로 해당 가입국에 등록된다. 즉, 마드리드 시스템에 따르면, 상표의 거절이유가 발견되지 않는 조건하에서는 각 가입국에서의 출원부터 등록과정이 해외 대리인 선임 없이도 전체적으로 진행될 수 있다.[137]

---

136 PCT출원의 경우 개별국 진입 시 각 개별국의 해외 대리인 선임이 필수적으로 필요하다.
137 다만, 심사 도중 거절이유가 발견되어 보정단계가 시작되면, 가입국 내의 해외 대리인 선임이 필요하다.

스타트업을 위한 지식재산 가이드

4) 스타트업의 해외상표출원 전략

상표를 해외로 출원하는 각 방법은 장점, 단점이 분명하다. 그러므로 진출할 해외국가가 적은 경우에는 개별국출원 시스템을 이용하여 비용을 절약[138]하고, 진출할 해외국가가 다수인 경우에는 각 국가에서 상표등록 가능성을 고려[139]하여 마드리드출원 시스템을 이용하는 것이 타당하다.

(8) 상표권 분쟁

●

A 스타트업 대표이사는 최근 인터넷 검색을 통해 B 업체가 자신의 등록상표를 무단으로 사용하고 있다는 사실을 알았다. 이에 A 스타트업 대표이사는 B 업체에 전화를 걸어 항의하였으나, B 업체의 상표 사용은 계속되고 있다. A 스타트업 대표이사는 어떠한 조치를 취해야 할까?[140]

1) 상표권침해

상표권자는 지정상품에 관하여 그 등록상표를 사용할 권리를 독점한다. 따라서 타인이 지정상품에 관하여 그 등록상표를 업으로써 사용[141]

---

138 경우에 따라 개별국으로 출원하는 것보다 마드리드 시스템으로 출원하는 것이 비용적인 측면에서 손해일 수 있다.

139 마드리드 시스템을 통한 국제상표 출원 과정에서 상표가 곧바로 등록되지 않아 각 가입국에서 거절 이유가 통지되는 경우에는 해외대리인을 각 가입국에서 선임해야만 하는데, 이때에 거절이유 극복 가능성에 따라 예측하지 못한 막대한 보정 비용이 발생될 수 있다.

140 가장 먼저 취해야 할 조치는 경고장을 보내는 것이다.

하는 경우에는 상표권침해를 구성하게 된다.

상표권침해가 발생하는 경우 상표권자는 상표권에 기해 침해자에게 민사상 침해금지청구[142], 손해배상청구[143]를 할 수 있고, 형사상 침해죄[144]로 침해자를 고소할 수 있다.

2) 상표분쟁 과정

먼저 상표침해 사실을 인지하게 되면, 침해자의 고의성 입증을 위해 상표권자는 침해자에게 경고장을 내용증명[145]으로 발송하게 된다. 경고장을 받았음에도 불구하고 침해자가 경고장의 내용에 응하지 않으면, 상표권자는 민사상 조치 또는 형사상 조치를 하게 되는데, 일반적으로는 형사상 조치가 처리기간이 짧고 즉각적인 합의를 이끌어낼 수 있기 때문에 형사상 조치를 먼저 취하는 경우가 많다.

한편 형사상 조치에 앞서, 상표침해여부[146]가 명확하지 않은 경우에

---

141 여기서의 '사용'은 상표적으로 사용한다는 의미이다. '상표적'으로 사용한다는 의미는 표장을 식별표지로써 사용한다는 의미이다.

142 상표법 제107조 제1항 및 제2항

143 상표법 제109조, 제108조, 제110조, 제111조, 제112조 등

144 상표법 제230조, 상표권 또는 전용사용권의 침해행위를 한 자는 7년 이하의 징역 또는 1억 원 이하의 벌금형에 처한다.

145 경고장은 후에 있을 소송에서 침해자의 고의를 입증하는 용도로 사용될 뿐, 경고장을 내용증명으로 보내는 것 또는 받는 것 자체에 어떠한 법적 효력이 발생되는 것은 아니다.

146 상표침해란 유효한 등록상표와 동일 또는 유사한 상표를 타인이 무단으로 상표적으로 사용함으로써 상표권자의 신용에 편승하는 한편 수요자의 출처혼동을 일으키는 행위를 의미한다. 양 상표가 동일 또는 유사한 경우에는 상표권침해가 성립될 가능성이 높으므로, 상표침해여부를 판단할 때에는 양 상표의 동일 또는 유사여부에 대한 검토가 먼저 필요하다.

스타트업을 위한 지식재산 가이드

는 특허심판원[147]에 권리범위확인심판[148]을 청구해야 한다. 권리범위확인심판의 심결[149]은 형사상 조치뿐만 아니라 민사법원에서도 결정적인 증거로 사용되기 때문에 상표침해여부를 다투는 경우에 필수적으로 수행될 필요성이 있다.

권리범위확인심판에서 침해자가 사용하는 상표가 등록상표의 권리범위에 속한다고 판단하는 심결(즉, 인용심결)을 받게 되면, 특별한 사정이 있는 경우를 제외하고 상표권자는 손해배상소송, 가처분소송 등에서 승소하게 될 것이며, 침해자는 형사적 처벌 및 벌금도 받게 될 것이다.

한편 침해자는 자신이 사용하는 상표가 등록상표의 권리범위에 속하지 않음을 주장할 것[150]인데, 그것이 분쟁 과정에서 받아들여지지 않는 경우에는 등록상표의 무효, 취소사유를 찾아 등록상표를 무효시키거나 취소시키는 전략을 취해야 한다.

3) 상표권침해 경고장을 받은 경우 조치

상표권침해에 따른 경고장을 받은 경우, 먼저 자신이 사용하고 있는 상표가 상표권침해에 해당되는지를 판단해야 한다. 침해판단은 고도의

---

147 산업재산권 분쟁을 해결할 목적으로 설립한 합의체 심판기관
148 확인대상상표(즉, 침해자가 사용하는 상표)가 등록상표의 권리범위에 속하는지 여부를 특허심판원에서 확인해 주는 제도, 적극권 권리범위확인심판(상표권자가 청구)과 소극적 권리범위확인심판(침해자가 청구)이 있다.
149 행정 기관의 심판에서 심리(審理)의 결정을 이르는 말, 즉, 특허청의 공권적 판단 등을 의미
150 소극적 권리범위확인심판의 청구를 통해서 가능하다.

법적 지식을 요구하기 때문에, 변리사와 같은 전문가에게 문의하는 것이 필요하다.

판단결과 자신이 사용하고 있는 상표가 상표권침해에 해당되지 않는 경우에는 경고장을 무시하거나, 상표침해에 해당되지 않음을 주장하는 답변서를 보내는 것으로 대응할 수 있다.

한편 판단결과 자신이 사용하고 있는 상표가 상표권침해에 해당되는 경우에는 상표권에 무효사유나 취소사유가 있는지를 판단해야 한다. 판단결과 상표권에 무효사유 또는 취소사유가 있는 경우 상표무효심판 또는 상표취소심판을 청구하여 상표권을 무효 또는 취소시킴으로써 상표권자의 권리행사를 근원적으로 제거하여야 한다.

한편 상표권에 무효사유나 취소사유도 없는 경우에는 상표의 사용을 즉시 중단하고, 상표권자와 교섭을 추진하여 적절하게 합의를 보는 것이 바람직하다.[151]

---

151 산업재산권 분쟁조정 위원회(www.koipa.re.kr)에 조정신청을 접수하면, 분쟁조정에 관한 법률적 지원을 제공받을 수 있다.

스타트업을 위한 지식재산 가이드

(9) 상표의 취소

●

A 스타트업 대표이사는 몇 년 전 상표등록을 하고 제품을 판매하고 있다가 제품 판매가 부진하여 관련 사업을 정리하였다. A 스타트업 대표이사는 이후 다른 브랜드를 개발하여 관련 사업을 실시하고 있었는데, 최근 특허심판원으로부터 등록상표의 취소에 대한 심판이 접수되었다는 심판청구서를 통지받았다. A 스타트업 대표의 상표는 어떻게 될 것인가?[152]

1) 상표의 취소사유

상표에 거절이유가 없어 적법하게 등록된다 하더라도 적절하게 사용되지 않는 경우 취소될 수 있다. 상표의 취소사유에는 여러 가지가 있으나, 실무적으로 가장 문제가 되는 것은 상표권자가 등록상표를 일정기간 이상 사용하지 않은 경우, 상표권자가 등록상표를 부정하게 사용하는 경우이다.

2) 상표권자가 등록상표를 일정기간 이상 사용하지 않은 경우

상표권자·전용사용권자[153] 또는 통상사용권자[154] 중 어느 누구도 정당한 이유 없이 등록상표를 그 지정상품에 대하여 취소심판청구일 전 계속하여 3년 이상 국내에서 사용하고 있지 아니한 경우[155] 상표등록이

---

152 상표 불사용의 조건에 해당되는 경우 상표가 취소된다.
153 등록상표를 독점적·배타적으로 사용할 수 있는 권리를 상표권자로부터 부여받은 자를 의미한다.
154 등록상표를 통상적으로 사용할 수 있는 권리를 상표권자로부터 부여받은 자를 의미한다.

취소될 수 있다.

상기와 같은 사유로 취소심판[156]이 청구되는 경우 상표권자인 피청구인[157]은 등록일 이후 3년 이내에 등록상표를 사용하였던 사실을 입증해야 하며, 사실을 입증하지 못하면, 상표는 취소된다.

상술한 상표 불사용에 의한 취소심판제도가 있는 이유는 상표권자에게 등록상표의 사용의무를 부과하는 한편, 사용되지 않고 선점되어 있는 상표를 취소하여 타인에게 상표 선택의 기회를 주기 위함이다. 따라서 자신이 사용할 상표에 대해서만 출원하는 것이 요구되고, 사용예정인 상표의 경우 미리 출원하되, 등록일 이후 지속적으로 등록상표를 사용함으로써 상표가 취소되지 않게 해야 한다.

3) 상표권자가 등록상표를 부정하게 사용하는 경우

상표권자가 고의로 등록상표의 전용범위를 넘어 유사범위에 대해 사용함으로써 수요자에게 상품의 품질의 오인 또는 타인의 업무에 관련된 상품과의 혼동을 생기게 하는 행위를 하는 경우[158] 상표등록이 취소될 수 있다.

---

155 상표법 제119조 제1항 제3호
156 상표권이 유효하게 등록된 이후, 일정한 취소사유에 해당하는 경우에 행정심판 절차에 의해서 장래를 향해 등록된 상표권을 소멸시키는 행정처분제도로 일반적으로는 상표를 취소함으로써 이익을 받는 경쟁업자에 의해서 청구된다.
157 심판청구를 당하는 사람을 의미한다. 반대로 심판청구를 하는 사람을 청구인이라 한다.

스타트업을 위한 지식재산 가이드

예를 들어, 상표권자가 변형하면 유명상표와 유사해지도록 설계된 상표를 의도적으로 기획하여 등록한 후, 유명상표의 신용에 편승하기 위해 등록된 상표를 변형하여 사용하는 경우가 취소사유에 해당된다. 또한 예를 들어, 상표권자가 변형하면 기술적상표가 되는 상표를 의도적으로 기획하여 등록한 후, 등록된 상표를 변형하여 기술적상표로 사용하는 경우도 취소사유에 해당된다.

상술한 상표 사용의 행위들은 상표제도의 목적에 반하여 부정하게 상표를 사용하는 행위이기 때문에 이렇게 부정한 목적으로 등록된 상표는 취소되어야 하는 것이다.[159]

따라서 유명상표에 편승하기 위해 상표의 호칭 등을 유명상표와 유사하게 만들기보다는 전략적으로 브랜드 개발에 투자하고, 철학적인 측면에서 심사숙고하여 수요자에게 어필할 수 있는 브랜드를 개발하는 것이 요구된다 할 것이다.

---

158 상표법 제119조 제1항 제1호, 상표권자가 고의로 지정상품에 등록상표와 유사한 상표를 사용하거나 지정상품과 유사한 상품에 등록상표 또는 이와 유사한 상표를 사용함으로써 수요자에게 상품의 품질을 오인하게 하거나 타인의 업무와 관련된 상품과 혼동을 불러일으키게 한 경우 그 상표등록의 취소심판을 청구할 수 있다.
159 상기 사유의 취소심판을 부정사용에 의한 취소심판이라고 한다.

디자인권

A 스타트업 대표이사는 원적외선 조사가 가능한 미용 마스크인 B 제품을 개발하였다. B 제품은 경쟁품에 비해 특별히 차별화된 기능을 보유하고 있지는 않지만 특유의 디자인 때문에 30대 여성들 사이에서 절찬리에 판매되고 있다. B 제품이 성공하자 최근, B 제품과 유사한 디자인의 제품들이 시장에 등장하여 B 제품의 시장 점유율이 크게 떨어지고 있다. 이에, A 스타트업 대표는 B 제품을 보호받을 수 있는 방법을 알아보고자 한다.

제품의 기능성 자체도 중요하지만 제품의 디자인이 판매에 직접적인 영향을 주는 경우가 많다. 디자인이란 무엇인가? 디자인의 정확한 개념, 등록 절차, 효력, 등록 요건 등에 대해서 알아본다.

(1) 디자인권 일반

●

디자인제도는 공업제품(물품)의 미적 외관이 보호될 수 있도록 출원인에게 일정기간 독점, 배타적인 디자인권을 부여함으로써, 디자인 창작을 장려하고 산업발전을 도모하기 위한 제도이다.

1) 의의 및 법적성질

디자인권은 디자인[160]이라는 공업제품(물품)의 외관에 대해 디자인법에 따라 부여된 독점적, 배타적인 권리를 의미한다. 디자인권은 무체재산권[161]으로 물권[162]에 준하는 권리이기 때문에 디자인권자는 디자인을 독점적으로 실시할 수 있고, 타인이 디자인권의 보호범위 내의 디자인을 무단으로 실시하는 것을 배타적으로 배제할 수 있다.

2) 보호대상 및 보호범위

디자인권은 공업제품(물품)의 외관인 디자인을 보호하는데, 디자인권의 보호범위는 디자인등록출원서[163]의 기재 사항 및 그 출원서에 첨부된 도면, 사진 또는 견본과 도면에 적힌 디자인의 설명에 따라 표현된 디자인에 의해 정해진다.[164] 따라서 디자인권이 미치는 범위를 판단하기 위해서는 지정된 공업제품(물품)의 종류(기능, 용도)의 판단, 도면 또는 사진에 표현된 디자인의 해석 및 디자인 설명에 기재된 내용의 해석[165]이 필요하다.

---

160 디자인보호법 제2조 제1호, 물품의 형상, 모양, 색채 또는 이들을 결합한 것으로서 시각을 통하여 미감을 일으키게 하는 것을 말한다.

161 무형의 재산적 이익을 배타적으로 지배할 수 있는 권리

162 특정한 물건을 직접 지배하여 배타적 이익을 얻는 권리

163 디자인출원 시 제출하는 서류를 의미한다.

164 디자인보호법 제93조

165 물품의 유사성, 디자인의 형상, 모양, 색채의 유사성을 통해 해석한다.

3) 존속기간[166]

디자인권의 존속기간이란 디자인권자가 등록디자인을 독점적으로 실시할 수 있는 기간을 의미한다. 디자인권의 존속기간은 디자인보호법 제90조 제1항에 따른 디자인권을 설정등록[167]한 날부터 디자인출원일 후 20년이 되는 날까지이다. 따라서 디자인권을 설정등록한 날부터 디자인출원일 후 20년이 지나면 디자인권은 소멸되며 디자인권에 따른 디자인은 자유디자인[168]이 된다.

(2) 디자인출원부터 디자인등록까지

●

1) 절차

디자인출원서가 특허청에 제출되면, 디자인출원 절차가 개시된다. 먼저, 특허청에서는 방식심사[169]를 통해 방식상의 흠결 유무를 검토한 후, 실체심사를 통해 디자인의 등록 가능성을 판단한다. 출원된 디자인에 거절이유를 발견할 수 없으면 특허청은 디자인등록 결정을 하게 된다. 한편 실체심사를 통해 디자인에 거절이유가 발견되는 경우, 특허청은 출

---

166 디자인보호법 제91조

167 디자인권의 설정등록이란 디자인출원에 대한 심사관의 디자인등록 결정 후에 출원인이 설정등록료를 납부하게 되면, 특허청장이 직권으로 디자인등록원부에 소정의 사항을 기재함으로써 디자인등록이 완료되는 절차를 의미한다.

168 누구나 사용할 수 있는 디자인

169 출원서나 명세서 등의 출원 서류가 법에서 정하는 절차적, 형식적 요건을 구비하고 있는지를 심사하는 일.

스타트업을 위한 지식재산 가이드

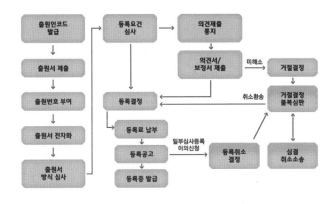

디자인출원 절차 / 특허청 홈페이지 발췌

원인에게 의견을 진술할 기회[170]를 주게 된다. 출원인이 이에 대응하여 의견을 개진함으로써 디자인에 거절이유가 없다는 것이 입증되면, 특허청은 디자인등록 결정을 하게 된다. 한편 출원인의 의견 개진을 통해서도 거절이유가 해소되지 않으면 디자인은 거절결정[171]되는데, 이후 출원인은 거절결정불복심판[172]과 같은 절차를 이용해 이를 다툴 수 있다. 살펴본 바와 같이 디자인출원부터 등록까지의 절차는 특허 또는 상표 절차와 유사한 형태로 진행된다.

2) 기간

일반적으로 디자인출원부터 디자인등록까지는 6개월~12개월 사이의

---

170 '의견제출통지'를 통해 의견제출 기회를 준다.
171 디자인을 허여할 수 없다는 행정청의 결정

기간이 소요된다. 그러나 특정한 요건[173]이 만족되는 경우 우선심사를 신청하게 되면, 디자인출원부터 디자인등록까지의 기간을 50% 이상 단축할 수 있다.

(3) 디자인권의 효력

●

디자인권자는 업으로서 등록디자인을 실시[174]할 권리를 독점[175]할 수 있고, 등록디자인과 동일·유사한 범위 내에서의 타인의 무단실시에 대해서는 배타적으로 민형사상 조치[176]를 취할 수 있다. 이러한 디자인권의 효력은 디자인권이 존속하는 기간 동안 대한민국 내에서[177] 미치게 된다. 따라서 대한민국에서 디자인권이 있다 하여도 일본이나 미국 등의 타국에는 대한민국 디자인권의 효력을 주장할 수 없다.

---

172 거절결정에 불복하여 제기하는 행정심판. 특허심판원에 청구한다.

173 출원공개 후 제3자의 무단실시의 경우, 우선심사의 신청을 하려는 자가 출원된 디자인에 관하여 직접 선행디자인을 조사하고 그 결과를 특허청장에게 제출하여 긴급하게 처리할 필요가 있다고 인정된 출원(벤처기업의 확인을 받은 기업의 디자인출원, 기술혁신형 중소기업으로 선정된 기업의 디자인출원 등), 특허청장이 외국 특허청과 우선심사하기로 합의한 디자인출원, 특허청장이 고시한 전문기관에 선행디자인의 조사를 의뢰한 경우로서 그 조사 결과를 특허청장에게 통지하도록 그 전문기관에 요청한 디자인출원의 경우 등에는 우선심사를 신청할 수 있다.

174 실시란, 디자인을 공업제품(물품)에 사용하는 것을 의미하는데, 디자인보호법상 실시는 디자인에 관한 물품을 생산·사용·양도·대여·수출 또는 수입하거나 그 물품을 양도 또는 대여하기 위하여 청약(양도나 대여를 위한 전시를 포함한다.)하는 행위를 의미한다. (디자인보호법 제2조 제7호)

175 디자인보호법 제92조

176 디자인보호법 제113조, 제220조 등

177 디자인보호법은 특허법과 마찬가지로 속지주의 원칙을 따른다.

스타트업을 위한 지식재산 가이드

(4) 디자인등록 요건

●

A 스타트업 대표는 유명한 미술저작물에 기초하여 제작된 핸드폰 케이스인 X 제품을 제작, 판매하고 있다. 이러한 유명 미술저작물을 모티브로 한 핸드폰 케이스는 현재까지 판매된 바 없었기 때문에 A 스타트업 대표는 자신이 제작한 X 제품을 디자인등록받고자 한다. X 제품은 디자인등록을 받을 수 있을까?[178]

제품 개발에 앞서 디자인등록 요건을 검토하는 것은 필수적이다. 디자인등록 요건 검토 없이 제품을 먼저 개발하는 경우 유사한 공개 디자인에 의해 디자인권 획득에 실패할 가능성이 높다. 디자인권 획득에 실패한 제품은 순식간에 복제, 모방될 수 있기 때문에 제품 개발에 투여된 자본, 노동력을 물거품으로 만든다.

디자인을 등록받기 위한 요건으로는 여러 가지가 있으나, 실무적으로 가장 중요한 요건을 꼽자면, 자신이 창작한 디자인이 디자인보호법상 디자인에 해당되는지 여부(디자인의 성립성이 만족되는지 여부)와 그 디자인이 디자인등록를 받을 수 있는 디자인인지 여부(공업상 이용 가능성이 있는지 여부, 신규성이 있는지 여부, 용이창작성이 있는지 여부, 먼저 출원된 디자인이 있는지 여부 등)를 들 수 있다.

1) 디자인의 성립성

디자인보호법상 디자인이란 공업제품, 즉, 물품의 형상·모양·색채 또

---

[178] 디자인보호법 제33조 제2항, 용의창작성 위반으로 디자인등록을 받지 못한다.

는 이들을 결합한 것으로서 시각을 통하여 미감을 일으키는 것[179]을 의미한다. 즉, 디자인을 등록받기 위한 디자인은 첫째 물품이어야 하며(물품성), 둘째 물품의 형상·모양·색채 또는 이들의 결합이어야 하며(형태성), 셋째 시각을 통해야 하며(시각성), 넷째 미감을 일으켜야(심미성) 한다.

디자인등록의 대상이 되는 물품은 독립성이 있는 구체적인 유체동산으로 파악되는 것이 일반적[180]이다. 따라서 독립적으로 거래대상이 되지 못하는 물품의 일부분(양말 뒷굽, 병의 주둥이 부분)은 물품의 대상이 되지 못하며, 전기·열·빛·기체 등과 같은 무체물도 물품의 대상이 되지 못한다. 또한 토지 및 토지에 정착되어 있는 도로, 건축물 등의 경우에도 원칙적으로 물품으로 인정되지 못한다.[181] 이외에도 일정한 형체가 없거나 분상물 또는 입상물의 집합(설탕, 소금 등)도 물품으로 인정되지 않는다.

디자인등록의 대상이 되는 물품은 형태성을 가지고 있어야 한다. 형태란 물품의 형상·모양·색채 또는 이들의 결합을 의미한다. 형상은 물품이 공간을 점유하는 윤곽을 의미하며, 모양은 물품을 장식하기 위해 물품의 외관에 나타난 선, 색 구분, 선염을 의미하며, 색채는 물품에서 반사되는 빛에 의해 인간의 망막을 자극하는 물체의 성질 중 하나로 무

---

179 디자인보호법 제2조 제1호
180 디자인보호법에는 물품에 대한 정의 규정이 별도로 없다. 따라서 실무적으로는 법의 목적, 사회통념 등으로 고려하여 합목적적으로 물품의 정의를 도출하고 있다.
181 조립가옥, 조립교량과 같이 반복적 생산, 유통, 이동될 수 있는 물건은 동산으로 관념되므로 디자인 의 대상이 된다.

채색과 유채색으로 구분되는 것을 의미한다. 디자인등록의 대상이 되는 물품은 반드시 형태를 가지고 있어야 하며, 모양과 색채는 여러 경우의 수로 형태에 결합되어야 한다.[182]

디자인등록의 대상이 되는 물품은 육안으로 파악이 되어야 한다. 따라서 시각 이외의 감각에 의해 파악되는 것, 매우 작아서 육안으로 식별할 수 없는 것, 외부에서 볼 수 없는 부분 등은 디자인등록 대상이 되는 물품에서 제외된다.

디자인등록의 대상이 되는 물품은 미적으로 우수해야 한다. 심미성의 요구는 디자인 제도가 물품의 상품가치를 높여 당해 물품에 대한 수요의 증대를 통해 산업발전에 이바지함에 있기 때문[183]이다. 실무상 미감을 일으키지 않는 예로는 기능·작용 효과를 주목적으로 한 것, 짜임새가 없고 조잡감만 주는 것 등이 있다.

2) 디자인을 받을 수 있는 디자인

가) 공업상 이용 가능성

공업상 이용 가능성이란 공업적 기술을 이용하여 동일물을 반복하여 양산할 수 있는 것을 의미한다. 여기서 공업적 기술은 농업적 생산수단 또는 자연현상을 배제하는 의미이며, 동일물을 반복 양산할 수 있다는

---

182 그러므로 디자인등록 대상이 되는 물품은 형상만의 디자인, 형상 및 모양의 결합디자인, 형상·모양 및 색채의 결합디자인, 형상 및 색채의 결합디자인 중 어느 하나의 형태성을 가져야 한다.
183 노태정, 디자인보호법 개설 2판, 2014, 47면

것은 회화, 조각품 등의 미술품을 배제하는 취지로, 양산 가능성만 있는 것까지 포함하는 의미로 해석될 수 있다.

공업상 이용 가능성이 흠결된 예시로는 자연물을 디자인 주체로 사용한 것(양산 불가), 순수 미술품(회화, 조각 등), 서비스 디자인(스카프를 접어 놓은 모양, 물건이 배치된 모양), 도면상 디자인의 표현이 구체적이지 못한 경우 등이 있다.

나) 신규성

신규성이란 디자인의 내용이 알려지지 않은 것을 의미하는 디자인 요건이다. 신규성에 따르면 디자인출원 전에 국내 또는 국외에서 공지, 공연실시되거나 반포된 간행물에 게재되거나 전기통신회선을 통해 공중이 이용할 수 있는 디자인과 동일한 디자인은 디자인을 등록받을 수 없다.[184] 즉, 이전에 없던 새로운 디자인만이 디자인등록을 받을 수 있다.

디자인권은 신규한 디자인에 대해 허여되어야 하므로, 디자인출원일 이전에 공개된 디자인과 동일하거나 유사한 디자인[185]은 디자인등록을 받을 수 없는데, 여기서 공개된 디자인이란 국내뿐만 아니라 해외에서

---

[184] 디자인보호법 제33조 제1항 각호, 일반적으로 공개되어 누구나 사용하고 있는 공유재산에 독점권을 부여하지 않게 하기 위함이다.

[185] 출원디자인에 대한 물품과 공개된 디자인에 대한 물품의 용도 및 기능이 동일 또는 유사한 상태에서, 양자의 디자인에 관한 물품의 형태가 동일 또는 유사한 경우 출원디자인은 신규성이 상실된 것으로 판단한다. 즉, 디자인은 물품과 그 물품의 외형이 본질이므로 양 디자인의 동일 또는 유사여부는 물품 및 형태의 유사성에 의해서 결정된다.

스타트업을 위한 지식재산 가이드

공개된 것도 포함된다.

신규성을 상실시키는 공개 디자인의 예시로는 디자인출원될 디자인과 동일한 디자인이 표시된 포스터·사진이 전시회에 발표된 것, 디자인출원될 디자인과 동일한 디자인이 표시된 웹사이트, 블로그가 인터넷상에 공개된 것, 디자인출원될 디자인과 동일한 디자인이 기재된 포스터·사진·전단지 등이 배포된 것 등이 있다.

다) 용이창작성

용이창작성이란 그 디자인이 속하는 분야에서 통상의 지식을 가진 자가 앞서 기술한 신규성에서 공개된 디자인을 이용해 쉽게 창작할 수 있는 것을 의미하는 것으로서, 공개된 디자인으로부터 창작이 비용이한 디자인에 대해서만 디자인을 허여하기 위해 규정된 디자인 요건[186]이다.

디자인권은 종래의 공개된 디자인에 비해 창작이 비용이한 디자인에 대해서만 허여되어야 하므로, 그 디자인이 속하는 분야에서 통상의 지식을 가진 사람이 디자인출원일 이전에 공개된 디자인 또는 공개된 복수 개의 디자인의 조합[187]으로 용이하게 창작할 수 있는 디자인은 용이창작성이 흠결되어 디자인 등록을 받을 수 없다.

---

186 디자인보호법 제33조 제2항.

187 신규성 판단은 1개의 공개 디자인과 출원할 디자인을 1:1로 비교하여 판단하는데 반하여, 용이창작성 판단은 복수 개의 공개 디자인을 조합한 것을 출원할 디자인과 비교할 수 있다는 점에서 차이가 있고, 용이창작성 판단의 경우 신규성 판단과는 달리 양 디자인 간 물품의 동일 유사여부를 판단하지 않는다는 차이가 있다.

용이창작 가능한 디자인의 구체적인 예로는 치환디자인[188], 조합디자인[189], 배치변경디자인[190], 구성비율의 변경 또는 구성단위 수의 증감에 의한 디자인, 주지의 형상·모양에 기초한 디자인[191], 자연물·유명한 저작물 등을 기초한 디자인, 상관행상 전용[192]에 의한 디자인 등이 있다.

라) 먼저 출원된 동일한 디자인이 있는지 여부

동일하거나 유사한 디자인에 대하여 다른 날에 2 이상의 디자인출원이 있는 경우에는 먼저 출원한 자만이 그 디자인에 관하여 디자인등록을 받을 수 있다.[193] 이러한 규정을 선출원주의라고 한다. 따라서 동일하거나 유사한 복수개의 디자인출원 중 후에 출원된 디자인은 선출원주의에 의해서 등록을 받을 수 없다. 완전히 동일하거나 유사한 디자인이 거의 비슷한 시점에 연속적으로 출원되는 것은 드문 일이라고 생각할 수 있지만, 실무에서는 선출원주의가 문제되는 케이스가 종종 발생한다. 동일디자인 분야에서의 디자이너들은 비슷한 시점에 비슷한 디자인적 아이디어를 가지는 경우가 많기 때문이다.

---

188 디자인의 구성요소 일부를 다른 디자인으로 단순히 바꾼 경우
189 복수 개의 디자인을 단순히 조합한 경우
190 공지디자인의 구성요소의 배치를 흔한 수법으로 단순히 변경한 경우
191 원, 타원, 삼각형, 원기둥, 원뿔 등을 거의 그대로 이용한 경우
192 비행기나 자동차를 완구나 기념품으로 만드는 경우
193 디자인보호법 제46조

스타트업을 위한 지식재산 가이드

(5) 디자인등록 이후

•

디자인은 상표와 달리 등록공고 없이 실체심사 이후 등록 결정되며, 이후 출원인이 특허청에 설정등록료를 납부하게 되면 설정등록된다. 설정등록료는 1 디자인[194]마다 부여된다. 여기서, 설정등록료는 3년분의 연차등록료에 해당한다. 따라서 설정등록료를 납부하여 디자인을 설정등록하면, 3년까지 디자인이 유지된다.

디자인권을 유지하기 위해서는 매년 특허청에 연차료를 납부해야 한다. 설정등록 시에 3년분의 연차료를 미리 납부한 셈이 되므로, 4년 차부

특허, 실용신안, 디자인 연차료 / 특허로 홈페이지 발췌

권리		설정등록료 (1~3년분)	연차등록료				
			4~6년	7~9년	10~12년	13~15년	16~25년
특허	기본료	★매년 15,000원씩 45,000원	매년 40,000원	매년 100,000원	매년 240,000원	매년 360,000원	
	가산료 (청구범위의1항마다)	★매년 13,000원씩 39,000원	매년 22,000원	매년 38,000원	매년 55,000원	매년 55,000원	
실용신안	기본료	★매년 12,000원씩 36,000원	매년 25,000원	매년 60,000원	매년 160,000원	매년 240,000원	
	가산료 (청구범위의1항마다)	★매년 4,000원씩 12,000원	매년 9,000원	매년 14,000원	매년 20,000원	매년 20,000원	
디자인	심사	★매년 1디자인마다 25,000원씩 75,000원	매년 35,000원	매년 70,000원	매년 140,000원	매년 210,000원	(16~20년) 매년 210,000원
	일부심사	★매년 1디자인마다 25,000원씩 75,000원	매년 34,000원	매년 34,000원	매년 34,000원	매년 34,000원	(16~20년) 매년 34,000원

---

194 일반적으로 하나의 출원에는 하나의 디자인이 기재된다. 따라서 복수 디자인으로 출원된 것 이외에는 디자인등록에 대한 설정등록료 및 연차료는 모두 동일하다.

터는 매년 연차료를 납부해야 한다.

연차료는 첫해에 1 디자인당 25,000원으로 소액납부하면 되지만, 4년째부터 3년 주기로 상승하여 16년 차부터는 디자인당 210,000원으로 급격하게 상승한다. 이는 디자인을 공개하여 개량디자인을 유도함으로써 산업발전을 도모한다는 디자인제도의 취지[195]가 반영된 것이다.

(6) 국제디자인

●

1) 국제출원

디자인권은 특허권, 상표권과 마찬가지로 속지주의 원칙상 출원하여 등록된 국가에서만 효력을 미치게 된다. 따라서 국내에서 디자인등록이 되었다고 하여 미국, 일본 등 타국에서도 효력을 가지며 권리행사를 할 수 있게 되는 것은 아니다. 그러므로 복수개의 수출국에서 모두 권리를 가지기 위해서는 복수개의 수출국에 각각 출원하여 모두 등록을 받아야 한다.

그러므로 수출국이 여러 국가인 경우, 원칙적으로 여러 수출국에 모두 출원해야 한다. 이러한 방식이 전통적인 해외출원의 방식인데, 이를 "개별국"출원이라고 부른다.

---

[195] 디자인권이 계속 유지되어 독점권이 지속되는 경우 관련 디자인의 실시가 어려워져 산업발전에 걸림돌이 될 수 있다. 따라서 디자인보호법은 연차료를 상승시켜 디자인권을 지속적으로 유지하는 것을 포기하도록 유도한다.

스타트업을 위한 지식재산 가이드

개별국출원의 경우 해외출원을 위해서 각국에 각각의 해외 대리인을 모두 별도로 선임하여 출원해야 한다. 이와 같은 개별국 출원은 복수개의 국가에 출원을 개별적으로 진행해야 하는 바, 그 과정이 복잡하다는 점, 다수 국가에 모두 출원해야 하므로 비용이 크게 발생하는 점 등의 단점이 있다.

상술한 단점을 극복하고자, 특정 국가들은 연합하여 디자인의 제도적인 통일을 기하는 '국제디자인출원제도'를 실시하기로 합의하였는데, 국제디자인제도인 "헤이그국제출원[196]"이 그것이다.

2) 개별국출원(파리조약 시스템)

디자인권을 획득하고자 하는 국가에 개별적으로 출원하는 방법이다. 일반적으로는 국내에 디자인출원을 한 다음, 우선권 주장기간(12개월) 내에 우선권을 주장[197]하면서 해당 개별국에 디자인출원을 한다.

우선권을 주장하면서 개별국에 디자인출원을 하는 경우 개별국의 디자인출원일이 국내의 디자인출원일로 소급되는 효과가 있다. 이러한 개별국출원 시의 우선권의 주장에 따르면, 개별국에서의 디자인 심사 시에

---

196 헤이그 시스템은 세계지식재산기구(WIPO) 국제사무국에 하나의 국제출원서를 제출하여 여러 체약당사자 영역에서 디자인을 보호받을 수 있는 제도이다. 따라서 헤이그 시스템에서는 하나의 국제출원이 복수의 관청에 제출해야 하는 일련의 출원을 대체한다. 이러한 헤이그 시스템은 1934년 협정(The London Act of June 2, 1934, 1934 Act), 1960년 협정(The hague Act of November 28, 1960 Act), 1999년 협정(The Geneva Act of July 2, 1999 Act)으로 구성된다.

197 디자인보호법 제51조

신규성, 용이창작성 등의 디자인성 판단시점이 국내 디자인출원 시로 소급되어 국내의 디자인심사결과와 개별국에서의 디자인심사결과가 이론적으로 같아지는 효과를 받을 수 있다.[198]

3) 국제디자인출원(헤이그 시스템)

대한민국 특허청에 헤이그국제출원서를 제출하고 헤이그 협정에 따른 체약당사국[199]을 선택해 해당 국가의 국내단계(National Phase)로 진입하는 제도이다. 헤이그국제출원의 경우 PCT출원과는 달리 국제단계가 끝난 이후 대리인의 선임 없이 바로 해당 당사국에서 실체심사가 개시된다.[200] [201]

---

198 국내 디자인출원 후 12개월이 지난 후라도 국내 디자인이 공개되지 않았다면, 해외에 디자인출원을 할 수 있다. 다만, 이 경우에는 우선권의 주장의 효과를 받을 수 없다. 따라서 해외에 디자인출원을 하는 경우에는 반드시 국내 디자인출원 후 12개월 이내에 해외에 디자인출원을 해야 선후원관계에서 12개월 이내의 출원일 소급효과를 받을 수 있다.

199 1999년 협정에 의한 체약당사국은 71개국이다. 우리나라는 1999년 협정 가입국으로써, 헤이그 협정에 따른 국제출원 절차를 진행할 수 있는데, 반드시 1999년 협정에 가입한 체약당사자만을 지정할 수 있다.

200 이러한 점은 국제상표출원제도인 마드리드 시스템과 유사한 점이지만, 헤이그 시스템을 이용한 국제출원은 선행하는 국내출원이나 등록이 필요하지 않다는 점에서 마드리드 시스템과는 상이하다.

201 헤이그 시스템을 통해 출원이 개시되면, 형식 요건을 만족하는 국제출원은 국제등록부에 기록되고 공개연기가 신청된 출원이 아니라면 국제디자인공보에 공개된다. 이러한 공개는 WIPO 웹사이트를 통해 이루어지고 도면 등 국제등록과 관련된 모든 데이터를 포함한다. 이후, 국제등록이 국제디자인공보에 공개되면 각 관청은 자국법에 따른 실체심사를 진행한다. 이러한 심사결과에 따라 해당국의 특허청은 그 국제등록에 대한 보호거절 여부를 국제사무국에 통지할 수 있다. 다만, 관청은 국제등록의 형식 요건에 관한 이유로 국제등록의 보호를 거절할 수 없다. 일반적으로 보호거절 여부는 국제등록이 공개된 날로부터 6개월 이내에 통지되어야 한다. 다만, 심사관청이거나 보호부여에 대한 이의신청 기회를 부여하는 체약당사자 관청은 6개월의 거절통지기간을 12개월의 거절통지기간으로 대체한다는 선언을 할 수 있다. 거절통지가 있는 경우 출원인은 그 관청에 직접 출원을 제출한 것과 동일한 구제수단을 가진다. 권리자가 거절을 다투는 경우 후속 절차는 그 국내법령에 규정된 요건과 절차에 따라야 하므로 불복청구 등은 해당 체약당사자의 법령에 정한 조건과 기한 내에 관할 관청에 직접 제출하여야 한다.

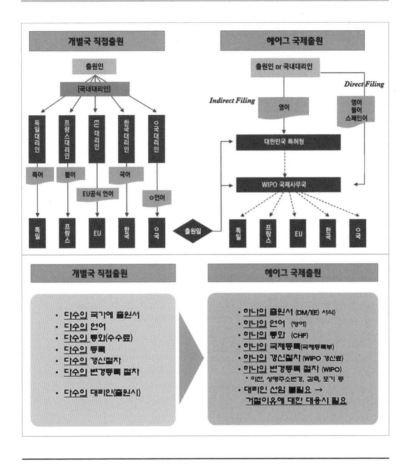

헤이그국제출원은 하나의 출원서, 하나의 언어를 통해 여러 헤이그 체약국에 동시에 출원하여 일원적으로 관리가 가능하다는 이점이 있고, PCT출원과는 달리, 대리인의 선임 없이 바로 체약국가의 국내단계에 진입할 수 있기 때문에 개별국 시스템에 비해 출원 비용을 절약할 수 있다는 이점이 있다.[202]

4) 스타트업의 국제디자인출원 전략

상술한 바와 같이 디자인을 해외로 출원하는 각 방법은 장점, 단점이 분명하다. 그러므로 진출할 해외국가가 적은 경우에는 개별국출원 시스템을 이용하여 비용을 절약[203]하고, 진출할 해외국가가 다수인 경우에는 각 국가에서 디자인등록 가능성을 고려[204]하여 헤이그출원 시스템을 이용하는 것이 타당하다.

---

202 그러나 체약국에서 심사결과 거절이유에 대한 대응 이슈가 발생하는 경우 해당 체약국에서의 대리인의 선임이 필요하다. 이는 마드리드 시스템의 경우와 같다.

203 경우에 따라 개별국으로 출원하는 것보다 헤이그 시스템으로 출원하는 것이 비용적인 측면에서 손해일 수 있다.

204 헤이그 시스템을 통한 국제디자인 출원 과정에서 디자인이 곧바로 등록되지 않아 각 체약국에서 거절이유가 통지되는 경우에는 해외대리인을 각 체약국에서 선임해야만 하는데, 이때에 거절이유 극복 가능성에 따라 예측하지 못한 막대한 보정 비용이 발생될 수 있다.

스타트업을 위한 지식재산 가이드

제2장

지식재산
사례

START-UP

스타트업이 사업 초기에 겪을 수 있는 사례를 정리해 보았다.
소개된 사례들은 저자가 그동안 경험하였던 창업 및 스타트업 지식재산 케이스 중에
대표적인 것들을 문답형식으로 재구성한 것이다.

특허 사례

(1) 사례 #1 : 출원 가능한 발명, 공지예외주장

●

A 씨는 아이디어 단계에서 B 발명을 완성하고, 시제품(프로토타입)을 제작하지는 않은 상태에서 전시회, 박람회에 참가하여 B 발명을 공개(발표, 서면 형태)하였다. 전시회, 박람회가 종료된 후, A 씨는 B 발명에 대해 특허를 받고자 한다. A 씨의 B 발명은 특허를 받을 수 있을까?

Q1) 아이디어만으로 특허를 받을 수 있나?[205]

---

205 아이디어 착상 단계에서는 특허를 받을 수 없고, 발명이 실제로 실시될 수 있을 정도로 구체화 되어야 한다.

Q2) 특허를 등록받기 위해서 제품(시제품)이 반드시 완성되어야 하나?[206]

Q3) 특허를 출원하기 전에 전시회, 박람회에 제품을 공개해도 괜찮나?[207]

---

206 반드시 제품이 완성될 필요는 없고, 기술의 실시 가능성만 있으면 된다.
207 공지예외주장제도(특허법 제30조)를 이용하면 된다. 그러나 공지예외주장 제도는 특허출원일로부터 1년 전까지 공개된 것에 한해 적용된다.

(2) 사례 #2 : BM발명의 특허성, 컴퓨터프로그램발명

●

스마트폰의 어플리케이션을 이용하여 기존의 방법과 차별화된 방법으로 파출부 서비스(이하, A 비즈니스 모델)를 개시한 B 씨는 자신의 A 비즈니스 모델에 대해서 보호받고 싶어 한다. A 비즈니스 모델은 "특허"로 보호받을 수 있을까?

Q1) 어플리케이션을 개발하였는데, 특허를 받을 수 있나?[208]

Q2) 소프트웨어를 개발하였는데 저작권 또는 특허권 중 어느 권리로 등록을 해야 하는지?[209]

Q3) 비즈니스 모델(BM : Business Method)도 특허를 받을 수 있나?[210]

---

208 받을 수 있으나, 장치(하드웨어)와 연동하여 동작될 것이 명세서에 기재되어야 한다.
209 두 권리 모두 다 등록 하는 것이 가능하다.(실제로 저작권은 창작된 순간에 발생한다) 저작권은 프로그램소스 자체로, 특허는 기술적 사상으로 등록받을 수 있다.
210 받을 수 있으나, 장치(하드웨어)와 연동하여 시계열적으로 동작될 것이 명세서에 기재되어야 한다.

〈특허와 저작권의 비교〉

구분	특허권	저작권(컴퓨터프로그램)
보호대상*	기술적 사상	소스코드의 표현
보호범위	특허청구범위의 기재 범위	자신이 창작한 표현의 범위
등록 요건**	신규성, 진보성 등	-
권리발생시점**	설정등록 시	창작 시
존속기간	20년	저작자 사망 후 70년

* 특허권은 발명의 기술적 사상을 보호하며, 컴퓨터프로그램 저작권은 프로그램의 소스코드의 표현 자체를 보호한다. 그러므로 컴퓨터프로그램의 기능적인 아이디어는 특허로 보호하고, 특색이 있는 소스코드의 표현은 저작권으로 각각 보호해야 한다.

** 특허권은 특허청에서 신규성 및 진보성 등 엄격한 심사과정을 거쳐 출원인이 최종 설정등록을 하여야만 등록되나, 저작권은 별도의 기관에서 등록심사를 받지 아니하고, 창작하는 순간 자동적으로 권리가 발생된다. 저작권이 있다는 것은 추후 분쟁에서 주장하는 자가 입증하여야 한다.

〈BM발명의 특징〉

BM[211]발명이란, 정보기술을 이용하여 구축된 새로운 비즈니스 시스템 또는 방법발명을 의미한다. 특허법상 BM발명은 영업방법의 각 단계를 컴퓨터와 같은 장치를 이용하여 시계열적으로 구현한 것을 의미하는데, 전통적인 발명의 카테고리인 물건발명, 방법발명과는 달리 발명의 성립성의 예외로서 인정되는 바, 특허등록 요건이 까다롭고, 등록 후 행사도 쉽지 않다.

BM발명의 등록 요건에 대해 특허법원은 "BM발명은 컴퓨터상에서 소프트웨어에 의한 정보처리가 하드웨어를 이용하여 구체적으로 실현되고 있어야 하며, 이는 청구항이 사람의 정신활동 등을 이용한 것이거나 단순히 컴퓨터나 인터넷의 범용적인 기능을 이용하고 있는 것이어서는 안 되고, 소프트웨어가 컴퓨터에 읽혀서 하드웨어와의 구체적인 상호 협동 수단에 의하여 특정한 목적 달성을 위한 정보의 처리를 구체적으로 수행하는 정보처리장치 또는 그 동작 방법이 구축되어 있는 것을 의미한다." 라고 판시[212]한 바 있다.

---

211 Business Method
212 특허법원 2007.12.26. 선고 2007허2957(권리범위확인(특))

스타트업을 위한 지식재산 가이드

(3) 사례 #3 : 특허등록 가능성 판단, 특허무효사유

●

A 씨는 중국에서 판매되고 있지만 한국에서는 전혀 판매된 바 없는 USB 타입 선풍기(기능성이 뛰어남, 이하 B 제품)를 수입해서 판매하고자 한다. A 씨는 B 제품이 중국에서는 특허등록되었지만, 국내에서는 특허등록이 되어 있지 않음을 확인하였다. 그리하여, A 씨는 국내에서 자신의 명의로 B 제품에 대한 특허를 등록받고자 한다. A 씨는 B 제품을 국내에서 특허등록받을 수 있을까?

Q1) A 씨가 B 제품을 국내에서 판매하는 행위는 문제없나?[213]

Q2) A 씨는 B 제품을 국내에서 특허등록받을 수 있나?[214]

---

213 특허권의 효력은은 속지주의 원칙을 따른다. 사안에서, B 제품의 경우 국내에서는 특허권이 존재하지 않는 바, A 씨가 B 제품을 국내에서 판매하는 것은 문제없다.

214 특허의 등록 가능성 판단에 있어서, 선행기술의 지역적 기준은 "전 세계"이다. B 제품은 중국에서 이미 공개되었으므로 국내에서 등록받을 수 없다. (심사관이 중국 문헌을 발견하지 못해 특허가 등록된다 하더라도 사후적으로 무효될 수 있다.)

(4) 사례 #4 : 특허권의 회복

●

A 씨는 2012년 12월에 B 발명에 대한 특허등록 결정을 받고 2013년 1월 1일에 설정등록 하였다. A 씨는 B 발명을 실제로 생산하기 위해 공장을 설립하는 등의 활동을 하였으나, 자금조달에 문제가 생겨 B 발명을 생산하지 못하였다. 그러던 참에 2017년 1월 1일 A 씨는 특허청으로부터 B 발명에 대한 4년 차 연차료 납부서를 받게 되었는데, B 발명을 생산이 불투명한 상황에서 연차료 납부가 필요 없다고 생각하여 연차료를 납부하지 않았다. 이후, 2018년 1월 23일 자금조달 문제가 해결되어 A 씨는 B 발명을 생산하게 되었고, 판매가 급증하기 시작하였다. 이러한 상황에서 A 씨는 다시 B 발명에 대한 특허를 되살릴 수 있을까?

Q1) 연차료란?[215]

Q2) 연차료를 납부하지 않으면 특허가 바로 소멸되나?[216]

Q3) 특허를 회복할 수 있는 조건은 어떻게 되나?[217]

---

[215] 권리를 유지하기 위해서 특허청에 납부하는 것으로, 1년에 1회 납부해야 한다. 연차료를 납부하지 않으면 권리는 소멸한다.

[216] 바로 소멸되는 것은 아니다. 연차료를 정상 납부기간 내에 납부하지 않더라도 추가 납부기간에 납부하면 권리를 갱신할 수 있다. 그러나 추가 납부기간에도 연차료를 납부하지 않으면 권리가 소멸된다. 추가 납부기간은 6개월이며 이 기간에 연차료를 납부하는 경우에는 가산료가 발생한다.

[217] 추가 납부기간 내에 연차료를 납부하지 않아 권리가 소멸되는 경우, 추가 납부기간이 경과한 이후 3개월 이내에 회복신청을 하면, 권리를 회복할 수 있다. 이때에는 정상 납부금액의 3배의 비용을 지불해야 한다. 사례에서, 추가 납부기간(6월) 및 회복기간(3월)이 모두 경과하였기 때문에 B 씨는 특허권을 회복할 수 없다.

(5) 사례 #5 : 음식특허

●

A 씨는 분식점업을 운영하고 있는 사업자다. A 씨는 자신만의 노하우로 먹기 쉽고 바삭함이 향상된 새우튀김을 만드는 방법을 개발하였다. A씨가 개발한 음식제조방법을 특허로 보호받을 수 있을까?

Q1) 음식제조방법으로 특허를 받을 수 있나?[218]

Q2) 특허 외의 음식제조방법의 보호 방안은?[219]

---

[218] 특허는 방법에 대해서도 등록받을 수 있는 바, 신규성, 진보성 등의 일반 특허등록 요건을 만족하는 경우 음식제조방법에 대한 것도 특허를 받을 수 있다.

[219] 음식제조방법의 경우 특허가 등록된다 하더라도 음식제조방법의 특성상 보호범위가 매우 협소하여 권리행사가 힘들고, 침해 적발도 쉽지 않은 문제가 있다. 따라서, 음식제조방법의 경우 특허로 등록하여 보호하기보다는 노하우(Knowhow)로 가지고 있는 것이 보다 바람직하다고 볼 수 있다.

(6) 사례 #6 : 실험데이터의 추가

A 씨는 신규한 페인트 합성방법을 개발하여 특허출원을 하였다. 특허출원 후 A 씨는 페인트 합성방법을 추가적으로 연구하였는데, 연구 중 기존에 비해 효과가 2배 이상 향상된 실험데이터를 확보하게 되었다. A 씨는 추가로 확보한 실험데이터를 기출원된 특허에 추가하고자 한다.

Q1) 추가 실험데이터를 기존 출원에 추가할 수 있는지?[220]

Q2) 추가가 불가능한 경우 필요한 조치는?[221]

---

[220] 특허가 출원되고 나면, 오기재의 정정 등의 이유 이외에 새로운 기술 내용은 추가할 수 없다. 새로운 실험데이터를 추가하기 위해서는 국내우선권 주장 출원(특허법 제55조)을 해야 한다. 국내우선권 주장 출원의 경우, 원출원이 출원된 이후, 1년 이내에 가능하다.

[221] 원출원이 출원된 이후 1년이 경과하여 실험데이터를 추가할 수 없는 경우 신규 특허출원을 다시 해야 한다. 한편, 원출원이 설정등록되거나 출원된 이후 1년 6개월이 경과하여 공개되었다면, 원출원의 공개에 의해 신규 출원이 거절될 수 있는 바, 별도로 후출원에 대한 등록 가능성을 판단해야 한다.

스타트업을 위한 지식재산 가이드

(7) 사례 #7 : 직무발명

●

A 씨는 X 회사에서 근무하면서 K 제품을 연구개발하는 직무를 3년 전부터 수행하고 있다. 최근 A 씨는 X 회사를 퇴사하면서 Y 회사를 창업하게 되었다. 창업 이후 A 씨는 K 제품과 유사한 제품인 M 제품을 제작, 판매를 기획하면서 이와 관련된 특허를 출원하였다. 특허출원 사실을 알게 된 X 회사는 A 씨의 특허가 K 제품의 핵심기술과 유사하다고 판단하고 있다.

Q1) 직무발명이란?[222]

Q2) A 씨의 퇴사 후 발명이 직무발명에 해당하는지?[223]

Q3) X 회사의 조치는?[224]

---

222 직무발명이란 종업원이 그 직무에 관하여 발명한 것이 성질상 사용자의 업무범위에 속하고, 그 발명을 하게 된 행위가 종업원은 현재 또는 과거의 직무에 속하는 발명을 말한다. (발명진흥법 제2조 제2호)

223 퇴직 후 완성된 발명은 원칙적으로 직무발명이 아닌 자유발명에 해당하나, 그 발명의 내용이 재직 중에 상당 부분 진행된 경우라면 직무발명에 해당할 여지가 크며, 재직 중에 발명이 완성되었다면 퇴직 후에 출원한다 하더라도 직무발명에 해당한다.

224 퇴직자의 발명이 직무발명에 해당하는 경우 사용자는 적절한 보상을 하고, 특허를 승계받을 수 있으므로 X 회사는 A 씨에게 특허 승계에 대한 협상을 시작해야 할 것이다. 하지만 사안의 경우 A 씨가 경쟁사로 창업을 하였기 때문에 그러한 가능성은 낮을 것이다. 한편 A 씨의 발명이 직무발명에 해당하는 경우 사용자는 무상의 통상실시권을 가지게 되므로, X 회사는 A 씨의 발명을 무상으로 실시할 수 있다. 이와 같은 상황에 대비하기 위해 사용자는 연구일지 작성을 의무화하고, 추적조항 등을 마련하는 등 직무발명 이슈에 대비해야 할 것이며, 종업원 고용 시 경업금지 약정 및 손해배상 조항 등을 마련할 필요성도 있다.

(8) 사례 #8 : 특허의 공유

A 씨는 B 씨와 함께 K 기술을 개발하고, 이와 관련하여 함께 특허를 출원하기로 약속하였다. 기술개발 도중 A 씨와 B 씨는 관계가 악화되어 K 기술개발은 잠시 중단된 상태이다. 이러한 상황에 B 씨는 A 씨와 상의 없이 K 기술에 대한 특허를 출원하여 등록받았다. A 씨는 최근 지인 C 씨로부터 B 씨가 K 기술에 대해 특허등록을 받았다는 사실을 알게 되었다.

Q1) 특허의 공유란?[225]

Q2) A 씨의 조치는?[226]

---

225 특허법 제33조 제2항에 따라 2명 이상이 공동으로 발명한 경우에는 특허를 받을 수 있는 권리를 공유한다. 공동발명자가 되기 위해서는 발명의 완성을 위하여 실질적으로 상호 협력하는 관계가 있어야 하므로, 기술적 사상의 창작행위에 실질적으로 기여하기에 이르러야 공동발명자에 해당한다. (대법원 2011.07.28. 선고 2009다75178 판결)

226 특허를 받을 수 있는 권리가 공유인 경우에는 공유자 모두가 공동으로 특허출원을 하여야 한다(특허법 제44조). 따라서 K 기술에 대한 등록특허는 거절되어야 했음에도 불구하고 등록된 하자가 있는 권리이다. 특허법 제44조 위반은 특허무효사유(특허법 제133조 제1항)에 해당되므로 A 씨는 특허무효심판을 청구할 수 있다. 그러나 무효심판의 경우 K 기술에 대한 특허를 소급적으로 전부 무효시키게 되므로, 법원에 해당 특허권의 지분이전 신청을 청구하여 자기 지분만큼의 특허권을 이전받는 조치를 취하는 것이 바람직하다고 판단된다.

상표 사례

(1) 사례 #1 : 상표와 상호

•

A 씨는 세무서에서 "B1"이라는 상호로 사업자등록을 받았다. A 씨는 지인들로부터 상표등록이 필요하다는 조언을 전달받고, "B1"에 대해서 상표를 출원하여 등록을 받았다. A 씨는 "B1"이 세련되지 못하다고 생각하여 이를 조금 변형한 "B2" 상표를 개발하여 자신의 상품, 간판, 홈페이지에 사용하고 있다. A 씨의 상표 사용은 문제가 될까?

Q1) 상호와 상표의 차이점은 무엇인가?[227]

Q2) 등록된 상표를 사용하지 않거나, 다르게 사용하는 경우 문제 되는지?[228]

상호는 상표와는 달리 문자만으로 표현된다는 점, 상표는 특허청에 등록하는 데 반해 상호는 등기소 등록을 통해 등록된다는 점, 상표의 경우 특허청에 출원 또는 등록되면 타인의 동일한 상표의 후출원을 배제할 수 있으나, 상호의 경우 타인이 등기한 동일한 상호는 동일한 특별시·광역시·시·군에서만 동종영업의 상호로 등기하지 못한다는 점에서 상호와 상표는 차이가 있다.

228 상표의 부정사용, 상표의 불사용으로 취소될 수 있다. (상표법 제119조)

(2) 사례 #2 : 상표권침해 및 조치

●

A 씨는 B 씨를 고용하여 "X"라는 명칭의 학원을 운영하고 있었다. B 씨는 A 씨의 회사에서 3년간 일하다가 퇴사하였는데, 퇴사 후 B 씨는 "X"라는 명칭으로 상표를 출원하여 등록을 받았다. 이후, A 씨는 B 씨가 선임한 특허법인으로부터 "X"라는 명칭에 대한 상표권침해의 경고장을 받았다. A 씨의 조치는?

Q1) A 씨는 B 씨의 상표권을 침해한 것인가?[229]

Q2) A 씨는 조치는?[230]

---

229 상표가 일단 특허청에 등록되면, 취소심판 또는 무효심판에 의해 취소 또는 무효되지 않은 이상 유효한 권리이므로, A 씨는 B 씨의 상표권을 침해한 것이 된다.

230 A 씨는 B 씨가 상표를 출원하기 이전부터 사용하고 있었기 때문에 선사용권을 주장(소극적 조치)할 수 있다. 한편, B 씨의 상표권은 상표법 제34조 제1항 제20호(동업·고용 등 계약관계나 업무상 거래관계 또는 그 밖의 관계를 통하여 타인이 사용하거나 사용을 준비 중인 상표임을 알면서 그 상표와 동일·유사한 상표를 동일·유사한 상품에 등록출원한 상표)에 따른 무효사유가 있으므로, 상표 무효심판청구(적극적 조치)를 통해 상표를 무효시킴으로써 침해를 극복할 수 있다.

〈선사용권 인정 여부〉

선사용권이란, 우리 상표법 제99조에 의해 발생하는 권리로서, '타인의 등록상표와 동일·유사한 상표를 사용하는 자가 부정경쟁목적 없이 타인의 상표등록출원 전부터 국내에서 계속하여 상표를 사용한 경우에 있어서, 타인의 상표등록출원 시에 국내 수요자 간에 그 상표가 특정인의 상품을 표시하는 것이라고 인식되는 경우 그 선사용자에게 법률의 규정에 따라 부여되는 법정사용권'이다.

즉, 선사용권은 부정경쟁목적 없이 타인의 상표등록출원 전부터 계속해서 사용해야 하며, 그 결과 타인의 상표등록출원 시에 그 상표가 특정인의 상품을 표시하는 것이라고 인식되어야 발생한다. 여기서, 인식의 정도는 "해당 상품의 관계거래권 안에 있는 구성원의 상당 부분에게 해당 상표가 특정 출처의 상품표지로 인식된 상태여야 한다.

따라서 앞의 사례에서 A 씨가 사용한 상표 "X"가 B 씨가 상표출원을 한 시점에서 학원의 출처표시로써 학생들, 학부모들에게 어느 정도 유명해진 상태라면, 선사용권이 발생했다고 볼 수 있다.

(3) 사례 #3 : 유명상표침해

●

A 씨는 XXX 社의 명품을 유사하게 카피한 제품을 판매하면서, 제품에는 XXX 문구를 전혀 표기하지는 않았지만, 인터넷상에서 XXX를 검색하는 경우 검색되도록 블로그의 태그에 "XXX st"라는 문구를 기재하였다. 이후, A 씨는 XXX 社가 선임한 B 특허법인으로부터 상표권침해 경고장을 받았는데, 이에 대해 A 씨는 "st"라는 문구를 사용하였으므로 상표권침해에 해당하지 않는다는 주장을 하고 있다. A 씨의 주장은 타당한가?

Q1) A 씨는 XXX 社의 상표권을 침해한 것인가?[231]

Q2) A 씨는 조치는?[232]

---

231 출처표시로 사용되어 상표권자의 신용에 편승하려는 의도가 있다고 판단되는 경우 상표침해에 해당될 수 있다. 우리 판례는 "st"라는 문구를 사용하는 경우, 신용 편승 의도가 있다고 보아 상표권침해를 인정하고 있다.

232 블로그 태그에 "XXX st"를 삭제한 다음, 합의에 응하기보다는 회피하면서 권리자의 권리행사를 지켜보는 것이 타당하다. (일반적으로 경고장 단계에서 분쟁이 종료되는 경우가 많기 때문이다.)

(4) 사례 #4 : 사용에 의한 식별력 획득

●

A 씨는 자신이 제조한 막걸리에 "서울막걸리"라는 상표를 부착하여 판매 중이다. A 씨는 "서울막걸리"를 상표출원하였으나, 상표법 제33조 제1항 제4호[233]에 해당되어 상표등록을 받을 수 없었다. 이후, A 씨는 수십 년간 "서울막걸리"를 TV 광고, 신문 광고 등을 통해 꾸준히 홍보하고 사용하였다. 그 결과 "서울막걸리"의 매출액은 매년 크게 상승하였으며, 이에 따라, 막걸리를 즐겨 먹는 사람이라면 누구든지 "서울막걸리"를 인식할 수 있는 수준에 이르렀다. A 씨는 다시 "서울막걸리"에 대해서 상표를 등록받고자 한다.

Q1) A 씨는 상표등록을 받을 수 있을까?[234]

---

[233] 현저한 지리적 명칭이나 그 약어(略語) 또는 지도만으로 된 상표는 상표등록을 받을 수 없다.

[234] 가능하다. 우리 상표법 제33조 제2항에 따르면 제33조 제1항 제3호부터 제6호까지 해당하는 상표, 즉, 식별력이 없는 상표라고 하더라도 상표등록출원 전부터 그 상표를 사용한 결과 수요자 간에 특정인의 상품에 관한 출처를 표시하는 것으로 식별할 수 있게 된 경우에는 그 상표를 사용한 상품에 한정하여 상표등록을 허여하고 있다. 따라서, A 씨의 "서울막걸리"의 사용에 의해 상표법 제33조 제2항에서 의미하는 식별력이 취득되는 경우, A 씨는 상표등록을 받을 수 있을 것이다.

(5) 사례 #5 : 상표권 효력 제한 사유

●

A 씨는 중국요리점을 운영하는 사업자이다. A 씨는 중국요리점업에 "오류동 중국집"이라는 명칭으로 상표를 출원하여 상표등록을 받았다. B 씨는 "오류동 반점"의 상호를 간판에 부착하고 중국요리점을 운영하고 있다. B 씨는 어느 날 "오류동"이라는 문구가 들어간 간판을 사용하고 있다는 이유로 상표침해의 경고장을 A 씨로부터 받았다. B 씨의 조치는?

Q1) B 씨는 A 씨의 상표를 침해한 것인가?[235]

Q2) B 씨의 조치는?[236]

---

235 A 씨가 등록받은 상표는 "오류동" 및 "중국집"으로 구성된다. 여기서, "오류동"은 현저한 지리적 명칭이고, "중국집"은 지정상품(서비스)에 대한 기술적 표장이므로, 등록상표는 식별력이 없는 부분으로만 구성되는 바, 무효사유를 가지고 있다. 이는 특허청 심사과정에서 거절되었어야 하는 상표가 잘못 심사되어 등록된 경우이다. 그러나 등록상표는 무효심판에 의해 무효되지 않는 이상, 그 효력을 가지기 때문에 원칙적으로는 B 씨의 상표 사용은 A 씨의 상표권을 침해한 것이 된다.

236 상표법 제90조는 상품의 보통명칭·기술적 표장 또는 현저한 지리적 명칭 등에 해당하는 상표의 경우 상표권의 효력이 미치지 아니한다고 규정하고 있다. 사례에서 "오류동" 부분은 현저한 지리적 명칭에 해당한다. 따라서 B 씨는 상표법 제90조를 이유로 상표권의 효력이 자신에게는 제한됨을 주장하면 된다. 또한 B 씨는 상표무효심판을 A 씨에게 청구하여 등록된 상표권을 소급소멸시키는 것도 고려할 수 있다.

(6) 사례 #6 : 상표와 저작권의 저촉

●

A 씨는 웹사이트에서 타인이 디자인한 로고 "X"를 그대로 가져와 간이음식점 업에 상표출원을 하였다. 로고 "X"는 이전에 출원된 적이 없었기 때문에 상표등 록이 되었다. A 씨는 자신이 등록한 상표 "X"를 간판에 표시하고 영업을 시작하였다. 어느 날 A 씨는 로고 "X"의 저작권자인 B로부터 로고 "X"의 사용을 금지 하라는 경고장을 받았다. A 씨의 조치는?

Q1) A 씨의 상표등록에는 문제가 없나?[237]

Q2) A 씨의 조치는?[238]

---

237 A 씨가 "X"에 대한 원저작자인지 여부는 상표등록 요건이 아니다. 따라서, A 씨가 로고 "X"를 선택하여 출원하였다면, 상표등록에 하자는 없다.

238 우리 상표법 제92조 제1항에는 상표가 등록되더라도 상표 사용이 상표등록출원일 전에 발생한 타인의 저작권과 저촉되는 경우 저작권자의 동의를 받지 않고는 해당 상표를 저촉되는 지정상품에 사용할 수 없다고 규정되어 있다. 따라서 로고 "X"의 창작일이 A 씨의 상표출원일보다 빠르다면 A 씨는 로고 "X"의 상표권을 가지고 있지만, 상표를 사용할 수는 없다. 그러므로 A 씨는 로고 "X"가 저작권법으로 보호받을 만한 저작물이 아님을 입증하거나, B 씨가 창작자가 아님을 입증하거나, B 씨의 로고 "X"의 창작일이 상표출원일보다 늦음을 주장해야 할 것이다.

스타트업을 위한 지식재산 가이드

2.3

디자인 사례

(1) 사례 #1 : 화상디자인, 부분디자인

A 씨는 자신의 제품을 판매하는 홈페이지를 운영하고 있는데, 홈페이지의 메인화면이 매우 독특하여 고객들로부터 호응을 얻고 있다. 한편, A 씨가 판매하고 있는 제품은 여러 사이즈의 T셔츠인데, T셔츠의 중심 부분에 독특한 특징이 있고, T셔츠의 나머지 부분은 사이즈에 따라서 디자인이 조금씩 변형된다. A 씨는 모든 T셔츠에 대해서 디자인등록을 받아야 할까?

Q1) 웹페이지의 화면에 대해서도 디자인등록을 받을 수 있나?[239]

Q2) 물건의 특정 부분에 대해서도 디자인등록을 받을 수 있나?[240]

239 화상디자인제도를 이용하여 디자인등록을 받을 수 있다. 정보통신기술이 발전함에 따라 단말기 등의 화면에 표시되는 디자인을 보호할 필요성이 있어 우리 특허청은 화상디자인제도를 운영하고 있다. (디자인심사기준, 예규 제99호 제6부 제8장) 화상디자인을 출원하는 경우 물품은 단말기 자체를 지정하여야 한다.

240 부분디자인제도를 이용하여 디자인등록을 받을 수 있다. 원칙적으로 독립거래의 대상이 되지 않는 물품의 부분은 독립성이 없어 디자인등록의 대상이 되는 물품이 아니지만, 물품의 부분에 창작인 가치가 집중되는 경우가 있으므로, 이를 보호하기 위해 우리 특허청은 부분디자인제도를 운영하고 있다(디자인보호법 제2조 제1호 괄호 부분을 근거로 함). 따라서 사례에서, A씨는 모든 T셔츠에 대해서 디자인등록을 할 필요는 없고, 특징적인 부분에 대해서만 디자인등록을 하면된다.

(2) 사례 #2 : 디자인등록기간, 디자인 일부심사등록출원

●

A 씨는 의류 디자이너이다. A 씨는 자신이 디자인한 "X" 의류에 대한 디자인을 보호받고자 한다. 의류 디자인의 경우 유행성이 강해 몇 달만 지나도 유행이 바뀌어 버리기 때문에 A 씨는 빠르게 디자인을 등록받기를 원하고 있다.

Q1) 일반적인 디자인등록기간은?[241]

Q2) A 씨가 디자인등록을 빠르게 받을 수 있는 방법은?[242]

---

241 일반적인 디자인출원의 경우 출원일로부터 등록 결정 시까지 약 6~12개월 정도 소요된다.

242 의류 및 패션잡화, 섬유제품 등 유행성이 강한 일부 제품에 대해서는 일부심사하여 실체적인 요건에 대한 심사 없이 디자인등록한다. 이를 디자인일부심사등록이라 한다. 디자인일부심사등록출원에 대하여는 제33조(디자인등록의 요건) 제1항(신규성) 각호, 제2항(용이창작) 중 공지디자인에 의한 용이창작, 제3항(확대된 선출원), 제35조(관련 디자인) 제2항(자기의 관련 디자인과만 유사한 디자인) 및 제46조(선출원) 제1항·제2항은 적용하지 아니한다. 다만, 동일인이 동일한 디자인에 대하여 둘 이상의 디자인등록출원이 있고, 이를 심사관이 별도의 선행디자인 조사 없이 인지한 경우에는 제46조(선출원) 제1항·제2항을 적용할 수 있다. 디자인일부심사에 해당되면, 출원 후 약 1개월 이후 등록된다. 사례에서 A 씨의 디자인은 의류이므로 일부심사등록출원에 해당되어 1개월 만에 등록을 받을 수 있을 것이다. 한편, A 씨의 디자인이 일부심사등록출원에 해당되지 않는 경우에는 등록을 빨리 받기 위해서 우선심사를 신청해야 한다. 우선심사를 신청하는 경우 약 3개월~4개월 사이에 등록을 받을 수 있다.

(3) 사례 #3 : 디자인보호법과 부정경쟁방지법

●

A 씨는 "X" 제품을 직접 개발하고 판매하기 전, 디자인등록을 위해 특허사무소를 방문하였으나, "X" 제품의 외형에 독특한 특징이 없어 등록이 불가능하다는 의견을 듣고 디자인출원을 하지 않은 채 "X" 제품을 생산, 판매하고 있었다. 어느 날 A 씨는 B 업체가 "X" 제품과 완전히 외형적으로 동일한 "Y" 제품을 판매하고 있는 것을 알게 되어 조치하고자 한다.

Q1) 디자인보호법에 따라 "X" 제품을 보호받을 수 있나?[243]

Q2) 다른 조치 사항은?[244]

---

243 보호받을 수 없다. 디자인보호법상 보호되는 디자인은 특허청에 출원되어 등록되어야 한다.

244 자신이 개발한 제품이 디자인등록되지 않은 경우 이를 보호할 수 있는 수단으로는 부정경쟁방지 및 영업비밀보호에 관한 법률(이하, 부경법)이 있다. 부경법 제2조 제1항 자목은 "타인이 제작한 상품의 형태(형상·모양·색채·광택 또는 이들을 결합한 것을 말하며, 시제품 또는 상품소개서상의 형태를 포함한다. 이하 같다.)를 모방한 상품을 양도·대여 또는 이를 위한 전시를 하거나 수입·수출하는 행위"를 부정경쟁행위로 규정하고 있으므로, 모방한 상품을 판매하는 행위는 부경법 제2조 제1항 자목에 의해서 보호받을 수 있다. 그러나 부경법 제2조 제1항 자목에 해당하기 위해서는 자신이 개발한 제품의 개발일로부터 3년 이내일 것을 만족해야 하며, 개발한 제품이 일반적인 통상의 제품의 형태에 해당하지 않아야 한다.

(4) 사례 #4 : 글자체디자인

●

> A 씨는 제품이나 광고에 쓰이는 손글씨 문구인 캘리그라피(Calligraphy)를 작성하는 일을 수년째 하고 있다. A 씨는 최근 독특한 형태의 한글 글자체를 개발한 후, 업무에 적용하여 사용하려 하고 있으나, 경쟁업체에서 글자체를 모방하지 않을까 하는 우려가 있다. A 씨가 개발한 한글 글자체의 보호 방안은?

Q1) 디자인보호법상 보호 방안은?[245]

Q2) 저작권상 보호 방안은?[246]

---

245 글자체는 물품의 형태가 아니어서 원칙상 디자인으로 성립될 수 없지만, 글자체 보호에 관한 국제적 추세, 창의적 글자체 개발을 장려할 필요가 있다는 점 등을 고려하여 우리 디자인보호법은 글자체도 디자인으로 인정하고 있다. 따라서 A 씨는 자신이 개발한 한글 글자체를 글자체디자인으로 출원하여 보호를 받을 수 있다.

246 글자체 자체는 저작권의 보호대상이 아니다. 다만, 글자체에 대한 컴퓨터프로그램, 즉, 폰트파일 자체는 컴퓨터프로그램 저작권으로 보호될 수 있다. A 씨가 개발한 글자체는 컴퓨터 폰트로써 사용될 가능성도 매우 높기 때문에, A 씨는 자신의 글자체를 폰트화(파일화)하여 컴퓨터프로그램 저작권으로 등록하는 것이 바람직하다.

기타(저작권) 사례

(1) 사례 #1 : 폰트 저작권침해

●

A 씨는 최근 B 법무법인으로부터 "귀사가 홈페이지에 폰트(글자체)를 무단으로 사용했으니, 저작권법 위반으로 벌금이 부과될 수 있다"라는 내용과 함께 "민형사상의 책임을 부담하는 것을 원하지 않으면, 해당 폰트프로그램의 패키지를 구매하라"라는 내용의 강매 경고장을 받았다. A 씨의 조치는?

Q1) 폰트 저작권이란 무엇인가?[247]

Q2) 폰트 저작권침해의 판단 방법은?[248]

Q3) 폰트 저작권침해에 해당하지 않는 경우 조치는?[249]

Q4) 폰트 저작권침해에 해당하는 경우 조치는?[250]

---

247 폰트 도안은 저작권의 보호대상이 아니며, 디자인보호법의 보호대상이다. 한편, 폰트파일 자체는 컴퓨터프로그램 저작권으로 보호된다.

248 폰트파일 자체를 무단으로 다운로드, 그 파일을 복제하여 불특정 다수가 볼 수 있게 게시판 등에 올리면 저작권침해가 될 수 있으나, 폰트파일을 이용해 만든 로고, 콘텐츠 등의 2차 결과물을 이용하는 것은 컴퓨터프로그램 저작권침해가 아니다.

249 경고장에 대해 무시하거나, 침해되지 않음을 적극적으로 주장하는 답변서를 보낸다.

250 폰트 저작권을 침해하는 경우라 할지라도 실제 발생한 손해액과 무관하게 합의 대가로 폰트 패키지 구매를 요구하는 것은 형법상 공갈죄에 해당할 여지가 있으며, 형사 고소를 당하더라도 실제 기소되기보다는 합의로 마무리되는 사안이 대부분이므로 무조건적으로 합의에 응하기보다는 한국저작권위원회의 분쟁조정제도를 이용하거나 법률구조공단에 법률적 조력을 요청하는 것이 바람직하다고 판단된다.

(2) 사례 #2 : 유행어

●

인기 개그맨 A 씨는 최근 "XXX"라는 유행어를 개그프로그램에서 사용하여 전
국적으로 인기를 끌고 있다. 쇼핑몰을 운영 중인 B 씨는 이러한 유행어 "XXX"
를 자신의 제품을 홍보하는 블로그에 사용하려고 한다. B 씨의 "XXX" 유행어
사용은 A 씨의 저작권침해에 해당할까?

Q1) 유행어가 저작물인지 여부?[251]

Q2) 유행어의 상표등록 가능성?[252]

---

251 개그맨의 유행어, 드라마의 유명 대사는 일상생활에서 흔히 쓰이는 표현으로 저작권법에 의해 보호
받을 수 있는 창작성 있는 표현이 아니다. (서울고등법원 2006.11.14. 자2005라503 결정)
252 유행어가 제품의 식별표지로써 식별력이 인정되는 경우 상표등록이 될 수 있으나, 일반적으로는 상표
법 제33조 제1항 제7호(기타 식별력 없는 상표)에 해당되어 상표등록이 거절된다.

지식재산 서류
확인 방법

START-UP

지식재산을
이해하기 위해

특허권리자가 누구인지, 타인이 등록받은 특허기술의 보호범위가 어디까지인지, 등록특허의 존속기간이 얼마나 남았는지 등 지식재산에 대한 여러 정보를 파악하기 위해서는 지식재산 서류를 읽고 의미를 이해하는 방법을 알아야 한다. 물론, 정확한 정보의 파악은 관련 분야의 전문가에게 의뢰해야겠지만, 지식재산 서류를 개략적이나마 이해할 수 있으면 별도로 전문가의 도움 없이 지식재산 전략을 수립하는 것이 가능하고, 전문가에게 업무를 의뢰하는 경우에도 커뮤니케이션 및 업무 지시를 원활하게 수행할 수 있는 이점이 있다. 지식재산에 관련된 서류는 여러 가지가 있으나, 기본적이면서 가장 중요한 정보들은 특허청에서 발행하는 공보에 모두 포함되어 있다.

지식재산
관련 공보

공보란 국가 기관에서 각종 활동 사항 등 특정 정보를 국민에게 알리는 것을 의미하는데, 특허청장이 지식재산권에 관련하여 발행하는 것으로는 공개특허공보, 등록특허공보, 출원공고상표공보, 등록공고상표공보, 공개디자인공보, 등록디자인공보가 있다.

공개공보는 출원이 공개 조건을 만족하여 특허청장이 출원을 공개하는 경우 발행되는 것으로서 출원 시에 출원인이 제출한 출원서의 내용, 즉, 출원인에 대한 정보, 기술에 대한 정보, 도면 등이 기재된다. 등록공보는 출원이 등록 결정된 후 설정등록 되는 경우 발행되는 것으로서, 권리자에 대한 정보, 의견제출통지단계에서 출원인이 제출한 보정서의 내용이 반영된 최종 권리 내용, 도면 등의 내용이 기재된다.

상표의 경우 특허 및 디자인과는 달리 출원공개 대신 공고[253]의 절차가 있다. 따라서 상표의 경우 상표출원 이후 심사단계에서 거절이유가 발견되지 않아 특허청장이 출원공고하는 경우 출원인 정보, 등록 결정 시에 등록될 것으로 예상되는 상표와 지정상품의 내용이 기재된 출원공 고공보가 발행되고, 이후 지정된 기간[254]이 도과하여 상표의 등록 결정 에 따라 상표가 설정등록되면, 상표권자, 최종 상표와 지정상품의 내용 이 기재된 등록공고공보가 발행된다.

---

253 상표법 제57조. 출원공고란 심사관이 상표출원에 대해 거절이유를 발견할 수 없어 상표등록을 해야 하는 경우 공중에게 이 사실을 알려 일정기간 동안 이의신청을 할 기회를 주는 제도이다. 출원공고에 따르면, 심사의 공정성을 기함과 동시에 등록 후에 있어서 발생할 수 있는 상표분쟁을 미연에 방지할 수 있다.

254 출원공고일로부터 2개월.

3.3

특허공보

(1) 특허공보의 종류

●

특허공보는 공개특허공보, 등록특허공보로 구분된다. 공개특허공보는 특허출원 후 조기공개신청[255]에 의해 특허청장이 특허를 공개해야 하거나 출원 후 1년 6개월이 도과함에 따라 특허를 공개해야 하는 경우[256] 발행되는 공보이며, 등록특허공보는 특허의 등록 결정 이후, 출원인이 설정등록료를 특허청에 납부함으로써 특허가 설정등록되면 발행되는 공보이다.

---

[255] 조기공개는 특허출원 이후 타인의 특허침해행위가 발견됨에 따라 보상금 청구권을 발생시키기 위해서 신청하는 경우도 있고, 특허를 조기에 공개하여 후출원의 심사 시 공개기술로 채택됨으로써 후출원의 등록을 방해하기 위해 신청하기도 한다.

[256] 특허법 제64조 제1항, 특허청장은 다음 각호의 구분에 따른 날부터 1년 6개월이 지난 후 또는 그 전이라도 특허출원인이 신청한 경우에는 산업통상자원부령으로 정하는 바에 따라 그 특허출원에 관하여 특허공보에 게재하여 출원공개를 하여야 한다.

(2) 공개공보와 등록공보의 차이점

●

공개특허공보는 출원 시 출원인이 제출한 출원서에 기재되는 서지사항[257]과 명세서[258] 내용이 포함된다. 공개특허공보는 최종적인 권리서가 아니기 때문에 공개특허공보에 기재된 기술사항은 권리로써 아직 확정된 내용이 아니다. 즉, 공개특허공보는 공개기술서로서의 역할을 담당하며, 권리서로서의 기능은 하지 않는다.[259]

등록특허공보는 특허출원 이후, 심사결과 거절이유를 발견할 수 없거나 심사관이 통지한 거절이유가 극복됨으로써 특허등록이 결정되는 경우 출원인이 설정등록료를 납부하여 특허가 최종적으로 설정등록 되면 특허청장이 발행하는 공보이다. 따라서 등록특허공보에는 출원서에 기재되는 서지사항과 의견제출통지단계에서 출원인이 제출한 보정서의 내용[260]이 반영된 명세서 내용이 포함된다.[261] 등록특허공보는 공개특허공보와 같이 공개기술서로서의 역할도 수행하지만, 최종적으로 확정된 권리의 내용도 포함하고 있으므로, 권리서로서의 역할도 수행한다. 그러므로 최종적인 특허기술의 내용을 파악하기 위해서는 공개특허공보가 아

---

257 출원인의 인적사항, 발명자 정보, 특허출원일자, 특허출원번호, 기술분류코드 등으로 구성된다.

258 특허출원 시에 제출하는 서류 중 특허발명을 특정하고 특허청에 보호받고자 하는 기술적인 내용을 기재한 서면.

259 물론 공개특허공보의 특허청구범위는 권리요구서의 역할을 수행하므로 이를 통해 최종적으로 등록될 권리를 예측해 볼 수도 있다.

260 일반적으로 의견제출통지단계에서 진보성 극복을 위해 특허청구범위의 내용이 보정된다.

261 특허출원 이후, 의견제출통지단계 없이 곧바로 특허등록되는 경우에는 공개특허공보와 등록특허공보의 명세서 부분의 내용은 동일하다.

스타트업을 위한 지식재산 가이드

닌, 등록특허공보를 확인해야 한다.[262]

　일반적으로 우선심사 없이 특허가 출원되면, 등록되기까지 1년 6개월 이상이 소요된다. 그러므로 일반적인 경우에는 심사과정 중 1년 6개월 이 도과하여 특허공개공보가 발행되고, 이후, 특허가 등록되면 특허등록 공보도 발행된다. 그러나 특허출원 이후 심사가 빨리 진행되어 1년 6개월이 도과하기 전에 특허가 등록되면 공개특허공보는 발행되지 않고, 등록특허공보만이 발행된다.[263]

---

262 등록특허의 권리범위를 파악하기 위해서 등록특허공보의 "특허청구범위"를 확인해야 한다.
263 이러한 경우에도 특허의 설정등록 이전에 조기공개 신청이 있으면, 공개특허공보가 발행된다.

(3) 공개특허공보의 상세 내용²⁶⁴

공개특허 10-2019-0114621

(19) 대한민국특허청(KR)
(12) 공개특허공보(A)

(11) 공개번호   10-2019-0114621
(43) 공개일자   2019년10월10일

(51) 국제특허분류(Int. Cl.)
　　A61B 17/225 (2006.01)　A61B 17/00 (2006.01)
　　A61B 8/08 (2006.01)
(52) CPC특허분류
　　A61B 17/225 (2013.01)
　　A61B 17/2256 (2013.01)
(21) 출원번호   10-2018-0037609
(22) 출원일자   2018년03월30일
　　심사청구일자 2018년03월30일

(71) 출원인
　　주식회사 에이치엔티메디칼
　　서울특별시 금천구 가산디지털2로 70, 2005호(가산동, 대륭테크노타운19차)
(72) 발명자
　　전성중
　　경기도 광명시 하안로 364 하안주공9단지아파트 915동 1106호
(74) 대리인
　　박길환, 김갑수

전체 청구항 수 : 총 5 항

(54) 발명의 명칭 체외 충격파 쇄석기에 설치되는 초음파 거리 측정 장치

(57) 요 약

본 발명은 체외 충격파 쇄석기에 설치되는 초음파 거리 측정 장치에 관한 것으로서, 초음파를 발생시켜 체내의 결석을 탐지하는 프로브부; 충격파 생성장치에 설치되며, 상기 프로브부가 이동가능하도록 설치되며, 상기 프로브부가 이동되는 거리를 측정하여 거리정보를 생성하는 측정부; 및 상기 프로브부로부터 전달되는 정보를 기초로 상기 체내의 초음파 영상을 화면에 표시하며, 상기 거리정보를 화면에 표시하는 제어부를 포함한다.

본 발명에 따르면, 초음파 프로브의 위치를 변경시키는 경우, 변경 거리가 제어부에 표시되므로, 결석이 존재하는 지점과 충격파 발생지점을 일치시키는 작업이 매우 용이해지는 효과가 있다.

대 표 도 - 도1

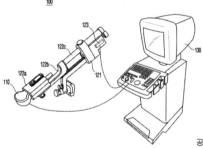

공개특허 10-2019-0114621

(52) CPC특허분류
　　A61B 8/0833 (2013.01)
　　A61B 2017/00106 (2013.01)
　　A61B 2017/00199 (2013.01)
　　A61B 2017/22014 (2013.01)
　　A61B 2017/22025 (2013.01)

명 세 서

청구범위

청구항 1

초음파를 발생시켜 체내의 결석을 탐지하는 프로브부;

충격파 생성장치에 설치되며, 상기 프로브부가 이동가능하도록 설치되며, 상기 프로브부가 이동되는 거리를 측정하여 거리정보를 생성하는 측정부; 및

상기 프로브부로부터 전달되는 정보를 기초로 상기 체내의 초음파 영상을 화면에 표시하며, 상기 거리정보를 화면에 표시하는 제어부를 포함하는 체외 충격파 쇄석기에 설치되는 초음파 거리 측정 장치.

청구항 2

청구항 1에 있어서,

상기 측정부는,

상기 충격파 생성장치에 설치되는 고정부와, 상기 프로브부가 설치되며 상기 고정부에 이동가능하게 설치되는 이동부와, 상기 고정부에 설치되며 상기 이동부가 상기 고정부로부터 이격되는 거리를 기초로 상기 거리정보를 생성하는 센서부를 포함하는 체외 충격파 쇄석기에 설치되는 초음파 거리 측정 장치.

청구항 3

청구항 1에 있어서,

상기 센서부는,

레이저(Laser)를 이용하여 상기 거리정보를 생성하는 것을 특징으로 하는 체외 충격파 쇄석기에 설치되는 초음파 거리 측정 장치.

청구항 4

청구항 2에 있어서,

상기 이동부는,

상기 고정부에 슬라이딩 방식으로 이동가능하게 설치되는 것을 특징으로 하는 체외 충격파 쇄석기에 설치되는 초음파 거리 측정 장치.

청구항 5

청구항 4에 있어서,

상기 이동부는,

상기 프로브부가 장착되는 장착부와, 상기 장착부에 설치되며 상기 센서부에서 조사되는 레이저가 접촉되는 반사판을 형성하는 프레임부와, 상기 프레임부에 설치되며 상기 고정부에 슬라이딩 방식으로 이동가능하게 설치되는 슬라이딩부를 포함하는 체외 충격파 쇄석기에 설치되는 초음파 거리 측정 장치.

발명의 설명

기 술 분 야

[0001] 본 발명은 체외 충격파 쇄석기에 설치되는 초음파 거리 측정 장치에 관한 것으로서, 보다 상세하는 초음파 프로브의 이동거리를 제어부의 화면에서 확인되게 하여, 결석 제거 작업의 효율을 크게 향상시킬 수 있는 체외 충격파 쇄석기에 설치되는 초음파 거리 측정 장치에 관한 것이다.

- 3 -

배 경 기 술

[0002] 인체 외부에서 발생된 충격파를 인체 내의 결석이 위치한 부위에 집속시켜 결석을 분쇄하는 치료법을 체외 충격파 쇄석술이라 하는데, 상술한 충격파 쇄석술은 충격파 쇄석기에 의해 실시된다.

[0003] 충격파 쇄석기는 환자가 안착되는 베드부와, 충격파를 발생시켜 체내의 결석으로 조사하는 충격파 발생부와, 결석 및 충격파가 조사되는 지점을 확인하기 위해 X-RAY를 이용하여 체내의 영상을 촬영하는 영상부를 포함할 수 있다.

[0004] 한편, 대부분의 체내 결석은 상술한 충격파 쇄석기의 X-RAY를 통해 확인 가능하나, 결석의 성분에 따라 X-RAY를 통해 결석이 확인되지 않는 경우가 있다. 이러한 경우에는 별도의 초음파 장비를 이용해야 한다.

[0005] 상기와 같은 이유로, 상기 충격파 쇄석기에 초음파 탐지 장치를 추가로 설치하는 기술이 제안되었다. 그러나, 이러한 종래의 장치는 충격파 발생부 근처에 거치대를 설치하고, 상기 거치대에 초음파 프로브를 단순히 장착시킨 것으로, 이러한 종래의 장치에 따르면, 작업자가 초음파 영상과 거치대에 표기된 눈금자(프로브의 이동거리를 표시)를 육안으로 번갈아 확인해 가며 거리를 조절해야한다.

[0006] 즉, 종래의 X-RAY, 초음파 혼합 장치에 따르면, 결석이 존재하는 지점과 충격파 발생지점을 일치시키는 작업을 실시하는 도중, 프로브의 위치를 조절하는 것이 매우 불편한 문제가 있다.

발명의 내용

해결하려는 과제

[0007] 본 발명의 목적은 초음파 프로브의 이동거리를 제어부의 화면에서 확인되게 하여, 결석 제거 작업의 효율을 크게 향상시킬 수 있는 체외 충격파 쇄석기에 설치되는 초음파 거리 측정 장치를 제공함에 있다.

과제의 해결 수단

[0008] 상기 목적은, 본 발명에 따라, 초음파를 발생시켜 체내의 결석을 탐지하는 프로브부; 충격파 생성장치에 설치되며, 상기 프로브부가 이동가능하도록 설치되며, 상기 프로브부가 이동되는 거리를 측정하여 거리정보를 생성하는 측정부; 및 상기 프로브부로부터 전달되는 정보를 기초로 상기 체내의 초음파 영상을 화면에 표시하며, 상기 거리정보를 화면에 표시하는 제어부를 포함하는 체외 충격파 쇄석기에 설치되는 초음파 거리 측정 장치에 의해 달성된다.

[0009] 또한, 상기 측정부는, 상기 충격파 생성장치에 설치되는 고정부와, 상기 프로브부가 설치되며 상기 고정부에 이동가능하게 설치되는 이동부와, 상기 고정부에 설치되며 상기 이동부가 상기 고정부로부터 이격되는 거리를 기초로 상기 거리정보를 생성하는 센서부를 포함할 수 있다.

[0010] 또한, 상기 센서부는, 레이저(Laser)를 이용하여 상기 거리정보를 생성하는 것을 특징으로 하는 체외 충격파 쇄석기에 설치되는 초음파 거리 측정 장치.

[0011] 또한, 상기 이동부는, 상기 고정부에 슬라이딩 방식으로 이동가능하게 설치될 수 있다.

[0012] 또한, 상기 이동부는, 상기 프로브부가 장착되는 장착부와, 상기 장착부에 설치되며 상기 센서부에서 조사되는 레이저가 접촉되는 반사판을 형성하는 프레임부와, 상기 프레임에 설치되며 상기 고정부에 슬라이딩 방식으로 이동가능하게 설치되는 슬라이딩부를 포함할 수 있다.

발명의 효과

[0013] 본 발명에 따르면, 초음파 프로브의 위치를 변경시키는 경우, 변경 거리가 제어부에 표시되므로, 결석이 존재하는 지점과 충격파 발생지점을 일치시키는 작업이 매우 용이해지는 효과가 있다.

도면의 간단한 설명

[0014] 도 1은 본 발명의 일실시예에 따른 체외 충격파 쇄석기에 설치되는 초음파 거리 측정 장치를 전체적으로 도시한 것이고,

도 2는 본 발명의 일실시예에 따른 체외 충격파 쇄석기에 설치되는 초음파 거리 측정 장치의 프로브부와 측정부

- 4 -

스타트업을 위한 지식재산 가이드

가 체외 충격파 쇄석기에 설치된 것을 도시한 것이고,

도 3은 본 발명의 일실시예에 따른 체외 충격파 쇄석기에 설치되는 초음파 거리 측정 장치의 프로브부와 측정부를 전체적으로 도시한 것이고,

도 4는 본 발명의 일실시예에 따른 체외 충격파 쇄석기에 설치되는 초음파 거리 측정 장치의 프로브부와 측정부의 절단면도를 도시한 것이고,

도 5는 본 발명의 일실시예에 따른 체외 충격파 쇄석기에 설치되는 초음파 거리 측정 장치의 구성간 전기적인 연결을 도시한 것이고,

도 6은 본 발명의 일실시예에 따른 체외 충격파 쇄석기에 설치되는 초음파 거리 측정 장치의 제어부에서 표시되는 화면을 기초로 체내의 결석 위치를 충격파 발생 지점과 일치시키는 과정을 도시한 것이고,

도 7은 본 발명의 변형예에 따른 체외 충격파 쇄석기에 설치되는 초음파 거리 측정 장치를 도시한 것이다.

발명을 실시하기 위한 구체적인 내용

[0015] 이하, 본 발명의 일부 실시 예들을 예시적인 도면을 통해 상세하게 설명한다. 각 도면의 구성요소들에 참조부호를 부가함에 있어서, 동일한 구성요소들에 대해서는 비록 다른 도면상에 표시되더라도 가능한 한 동일한 부호를 가지도록 하고 있음에 유의해야 한다.

[0016] 그리고 본 발명의 실시 예를 설명함에 있어, 관련된 공지 구성 또는 기능에 대한 구체적인 설명이 본 발명의 실시예에 대한 이해를 방해한다고 판단되는 경우에는 그 상세한 설명은 생략한다.

[0017] 지금부터 첨부한 도면을 참조하여, 본 발명의 일실시예에 따른 체외 충격파 쇄석기에 설치되는 초음파 거리 측정 장치에 대해서 상세히 설명한다.

[0018] 도 1은 본 발명의 일실시예에 따른 체외 충격파 쇄석기에 설치되는 초음파 거리 측정 장치를 전체적으로 도시한 것이고, 도 2는 본 발명의 일실시예에 따른 체외 충격파 쇄석기에 설치되는 초음파 거리 측정 장치의 프로브부와 측정부가 체외 충격파 쇄석기에 설치된 것을 도시한 것이고, 도 3은 본 발명의 일실시예에 따른 체외 충격파 쇄석기에 설치되는 초음파 거리 측정 장치의 프로브부와 측정부를 전체적으로 도시한 것이고, 도 4는 본 발명의 일실시예에 따른 체외 충격파 쇄석기에 설치되는 초음파 거리 측정 장치의 프로브부와 측정부의 절단면도를 도시한 것이고, 도 5는 본 발명의 일실시예에 따른 체외 충격파 쇄석기에 설치되는 초음파 거리 측정 장치의 구성간 전기적인 연결을 도시한 것이다.

[0019] 도 1 내지 도 5에 도시된 바와 같이, 본 발명의 일실시예에 따른 체외 충격파 쇄석기에 설치되는 초음파 거리 측정 장치(100)는 프로브부(110)와, 측정부(120)와, 제어부(130)를 포함한다.

[0020] 프로브부(110)는 초음파를 발생시켜 체내의 결석을 탐지하는 것으로서, 후술하는 측정부(120)에 설치된다. 이러한 프로브부(110)는 후술하는 제어부(130)에 의해 제어되어 초음파를 체내로 조사하며, 이후, 반사파를 수신하여 제어부(130)로 전달한다.

[0021] 측정부(120)는 충격파 생성장치(30)의 일측에 설치되어 프로브부(110)가 이동가능하도록 설치되는 것으로서, 프로브부(110)가 이동되는 거리를 측정하여 거리정보를 생성한다.

[0022] 상술한 측정부(120)는 보다 상세하게, 고정부(121)와, 이동부(122)와, 센서부(123)를 포함한다.

[0023] 고정부(121)는 충격파 생성장치(30)의 일측에 설치되는 것으로서, 내부에는 후술하는 센서부(123)가 설치된다.

[0024] 이러한 고정부(121)는 프로브부(110)가 향하는 방향이 충격파 생성장치(30)의 충격파 생성지점을 수평하게 향하도록 설치될 수 있다.

[0025] 또한, 고정부(121)에는 후술하는 이동부(122)가 이동가능하게 설치된다. 한편, 이동부(122)는 고정부(121)에 삽입되는 형태로 설치되어 길이방향을 따라 슬라이딩 이동가능하게 설치될 수 있다.

[0026] 또한, 고정부(121)는 충격파 생성장치(30)의 일측으로부터 탈부착가능하도록 설치될 수 있다. 도 3 및 도 4에 도시된 바와 같이, 고정부(121)의 하단부는 충격파 생성장치(30)의 일측에 부착되는 아답터에 탈부착 가능하게 설치되어 있다. 그러므로, 고정부(121)의 하단부에 외력을 인가하면, 고정부(121)가 충격파 생성장치(30)의 일측에 부착되는 아답터로부터 분리될 수 있다.

[0027] 한편, 고정부(121)에는 도 3 및 도 4에 도시된 바와 같이, 고정핀(121a)과 회전축(121b)이 설치될 수 있다. 고정핀(121a)은 고정부(121)가 회전축(121b)을 중심으로 회전하는 것을 저지하는 것으로써, 고정핀(121a)을 제거하면, 고정부(121)가 회전축(121b)을 중심으로 회전(시계방향 및 반시계방향으로 각각 30°)될 수 있다. 상술한 고정핀(121a)과 회전축(121b)에 따르면, 프로브부(110)가 스캔할 수 있는 탐지 범위가 증대되는 효과가 있다.

[0028] 이동부(122)는 상술한 고정부(121)에 이동가능하게 설치되는 것으로서, 일측에는 프로브부(110)가 설치된다. 상술한 이동부(122)는 고정부(121)에 삽입되는 형태로 설치되어 길이방향을 따라 슬라이딩 이동가능하게 설치될 수 있다.

[0029] 이동부(122)는 보다 상세하게, 장착부(122a)와, 프레임부(122b)와, 슬라이딩부(122c)를 포함할 수 있다.

[0030] 장착부(122a)는 프로브부(110)가 장착되는 공간을 제공하는 것으로써, 후술하는 프레임부(122b)에 설치된다.

[0031] 이러한 장착부(122a)는 프로브부(110)가 향하는 방향이 충격파 생성장치(30)의 충격파 생성지점을 수평하게 향하도록 프로브부(110)의 위치를 가이드 해야하므로, 장착부(122a)는 프로브부(110)가 고정부(121)의 길이방향과 동일한 방향으로 삽입 설치되도록 마련될 수 있다.

[0032] 프레임부(122b)는 일단이 장착부(122a)에 설치되고, 타단은 후술하는 슬라이딩부(122c)에 설치되는 것으로서, 후술하는 센서부(123)에서 조사되는 레이저가 접촉되는 반사판(r)을 타단 측에 형성한다.

[0033] 반사판(r)은 후술하는 센서부(123)에서 레이저가 조사되는 방향에 마주하도록 배치된다. 이러한 반사판(r)에 의해서, 센서부(123)에서 조사되는 레이저에 반사되어 다시 센서부(123)로 전달될 수 있고, 이에 따라, 센서부(123)에서는 후술하는 슬라이딩부(122c)가 이동된 길이 만큼, 즉, 프로브부(110)가 이동된 길이만큼의 거리를 감지할 수 있다.

[0034] 슬라이딩부(122c)는 일단이 고정부(121)에 슬라이딩 방식으로 이동가능하게 설치되는 것으로서, 타단은 상술한 프레임부(122b)에 설치된다.

[0035] 슬라이딩부(122c)는 외부의 외력에 의해서, 고정부(121) 내부로 인입되거나, 고정부(121) 내부로부터 인출되는데, 이러한 인입, 인출에 따라, 프로브부(110)도 함께 길이방향을 따라 이동된다.

[0036] 한편, 도 3 및 도 4에 도시된 바와 같이, 슬라이딩부(122c)가 설치되는 고정부(121)의 일측 부분에는 버튼이 형성될 수 있고, 상기 버튼의 단부는 슬라이딩부(122c)의 일측에 형성된 홈에 삽입되는 형태로 마련될 수 있다. 따라서, 슬라이딩부(122c)를 고정부(121) 내부로 인입시키거나 고정부(121) 내부로부터 인출하려는 경우에는 상기 버튼을 눌러 상기 버튼의 단부가 슬라이딩부(122c)의 일측에 형성된 홈으로부터 인출되는 것이 필요하고, 슬라이딩부(122c)의 인입 및 인출이 종료되어 슬라이딩부(122c)의 위치를 고정하여야 하는 경우에는 다시 상기 버튼을 눌러 상기 버튼의 단부가 슬라이딩부(122c)의 일측에 형성된 홈에 인입되는 것이 필요하다.

[0037] 상술한 바와 같은 장착부(122a)와, 프레임부(122b)와, 슬라이딩부(122c)를 포함하는 이동부(122)의 구조에 따르면, 프로브부(110)의 길이방향의 이동이 후술하는 센서부(123)에 의해서 효과적으로 감지될 수 있다.

[0038] 센서부(123)는 이동부(122)가 고정부(121)로부터 이격되는 거리를 기초로 거리정보를 생성하는 것으로서, 고정부(121)에 설치된다.

[0039] 도 4에 도시된 바와 같이, 센서부(123)에 조사되는 레이저는 프레임부(122b)에 형성된 반사판(r)에 도달, 반사되어 다시 센서부(123)로 입사된다. 이러한 과정을 통해 이동부(122)가 고정부(121)로부터 이격되는 이격거리에 따른 거리정보가 생성된다.

[0040] 이러한 거리정보는 슬라이딩부(122c)의 이동거리에 대한 정보를 의미하는데, 구체적으로 슬라이딩부(122c)의 이동거리에 대한 정보는 프로브부(110)가 이동한 직선 거리에 대한 정보가 된다.

[0041] 따라서, 센서부(123)와 상술한 이동부(122)의 구조에 따르면, 프로브부(110)가 이동한 직선 거리에 대한 정보가 효과적으로 획득될 수 있다.

[0042] 이러한 센서부(123)는 상술한 바와 같이, 레이저 조사 타입으로 마련될 수 있으나, 이에 반드시 제한되는 것은 아니며, 적외선 타입, 초음파 타입, 엔코더 타입, 포텐시오미터 등 거리를 측정할 수 있는 타입이라면 어떠한 것으로 마련되더라도 무방하다.

[0043] 제어부(130)는 프로브부(110)로부터 전달되는 정보를 기초로 체내의 초음파 영상을 화면에 표시하며, 거리정보를 화면에 표시하는 것으로서, 상술한 프로브부(110)와 센서부(123)에 전기적으로 연결된다.

- 6 -

[0044] 이러한 제어부(130)에 따르면, 체내의 결석의 위치에 대한 초음파 영상과 함께, 프로브부(110)가 이동한 거리정보가 화상에 표시될 수 있다.

[0045] 상술한 바와 같은 제어부(130)에 표시되는 화면에 따르면, 작업자가 결석이 존재하는 지점과 충격파 발생지점을 일치시키기 위해 초음파 프로브부(110)의 위치를 변경시키는 경우, 프로브부(110)의 이동거리에 대한 정보, 즉, 거리정보가 화면에 표시되므로, 작업자는 제어부(130)의 화면만을 보고 일치시키는 작업을 수행할 수 있다.

[0046] 즉, 제어부(130)에 따르면, 종래와 같이, 프로브부(110)가 거치된 거치대에 표기된 눈금자를 육안으로 확인하고, 다시 제어부(130)의 화면을 번갈아가며 확인할 필요없이, 제어부(130)의 화면만 보고 작업을 수행할 수 있는 이점이 있다.

[0047] 상술한 바와 같은 프로브부(110)와, 측정부(120)와, 제어부(130)를 포함하는 본 발명의 일실시예에 따른 체외 충격파 쇄석기에 설치되는 초음파 거리 측정 장치(100)에 따르면, 초음파 프로브부(110)의 위치를 변경시키는 경우, 변경 거리가 제어부(130)에 표시되므로, 결석이 존재하는 지점과 충격파 발생지점을 일치시키는 작업이 매우 용이해지는 효과가 있다.

[0049] 지금부터는 첨부된 도면을 참조하여, 본 발명의 일실시예에 따른 체외 충격파 쇄석기에 설치되는 초음파 거리 측정 장치를 이용한 체내 결석을 충격파 발생지점과 일치시키는 과정에 대해서 상세히 설명한다.

[0050] 도 6은 본 발명의 일실시예에 따른 체외 충격파 쇄석기에 설치되는 초음파 거리 측정 장치의 제어부에서 표시되는 화면을 기초로 체내의 결석을 충격파 발생 지점과 일치시키는 과정을 도시한 것이다.

[0051] 작업자가 제어부(130)를 조작하여 체내의 초음파 영상을 형성하면, 도 6에 도시된 바와 같이, 체내의 결석의 위치(P3)가 화면에 표시된다.

[0052] 이후, 작업자는 결석의 위치(P3)를 충격파 발생 지점(P2)에 일치시키기 위해서, 결석의 위치(P3)와 프로브부(110)의 위치(P1)까지의 거리, 결석의 위치(P3)와 충격파 발생 지점(P2) 사이의 거리를 기초로, 필요에 따라, 베드부와 프로브부(110)를 이동시켜야 한다.

[0053] 작업자는 이동시켜야할 프로브부(110)의 이동거리를 알기 위해서, 제어부(130)를 조작하여 프로브부(110)의 위치(P1)에서 결석의 위치(P3)까지의 거리 또는 결석의 위치(P3)와 충격파 발생 지점(P2) 까지의 거리 등을 측정한다.(제어부(130)의 볼컨트롤러를 조작함으로써 실시될 수 있다.)

[0054] 상기 과정에 따른 측정거리(D1)는 제어부(130)의 화면에 표시되는데, 이때, 작업자는 표시된 측정거리(D1)를 기초로 슬라이딩부(122c)에 외력을 인가하여 프로브부(110)를 직선 이동시킨다. 상기와 같이 작업자가 프로브부(110)를 이동시키면, 이동된 거리정보(D2)가 제어부(130)의 화면에 표시된다.

[0055] 이후, 작업자는 제어부(130)에 표시된 정보들을 기초로 상기 과정을 반복함으로써, 결석이 존재하는 지점과 충격파 발생지점을 일치시키기 위한 작업을 수행한다.

[0056] 따라서, 상술한 바와 같은 본 발명의 일실시예에 따른 체외 충격파 쇄석기에 설치되는 초음파 거리 측정 장치(100)를 이용한 과정에 따르면, 작업자는 제어부(130)의 화면만 보면서도 결석이 존재하는 지점과 충격파 발생지점을 일치시키기 위한 작업을 실시할 수 있게 되므로, 작업의 효율성이 대폭적으로 증대될 수 있는 효과가 있다.

[0058] 지금부터는 첨부한 도면을 참조하여, 본 발명의 변형예에 따른 체외 충격파 쇄석기에 설치되는 초음파 거리 측정 장치(100')에 대해서 상세히 설명한다.

[0059] 도 7은 본 발명의 변형예에 따른 체외 충격파 쇄석기에 설치되는 초음파 거리 측정 장치를 도시한 것이다.

[0060] 도 7에 도시된 바와 같이, 본 발명의 변형예에 따른 체외 충격파 쇄석기에 설치되는 초음파 거리 측정 장치(100')는 프로브부(110)와, 측정부(120)와, 제어부(130')를 포함한다.

[0061] 다만, 여기서, 프로브부(110)와 측정부(120)는 본 발명의 일실시예에 따른 체외 충격파 쇄석기에서 설명한 구성과 동일한 구성이므로 중복 설명은 생략한다.

[0062] 제어부(130')는 프로브부(110)로부터 전달되는 정보를 기초로 체내의 초음파 영상을 화면에 표시하며, 거리정보

- 7 -

를 화면에 표시하는 것으로서, 상술한 프로브부(110)와 센서부(123)에 전기적으로 연결된다.

[0063] 이러한 제어부(130')는 보다 상세하게, 영상부(131')와 이미지그랩부(132')와 PC부(133')를 포함한다.

[0064] 영상부(131')는 종래에 초음파 탐색 장비로써, 프로브부(110)로 부터 전달되는 신호를 이용하여 체내의 초음파 영상을 화상에 표시한다.

[0065] 이미지그랩부(132')는 상술한 영상부(131')의 초음파 영상 데이터를 추출하여 후술하는 PC부(133')에 전달하는 것으로써, 상술한 영상부(131')와 후술하는 PC부에 전기적으로 연결된다.

[0066] PC부(133')는 이미지그랩부(132')로 부터 전달되는 초음파 영상 데이터를 전달받아 화상에 표시하며, 상기 화상에 센서부(123)로 부터 전달되는 거리정보를 함께 표시하는 것으로서, 이미지그랩부(132')와 센서부(123)에 전기적으로 연결된다.

[0067] 상술한 바와 같은 PC부(133')에 표시되는 화면에 따르면, 작업자가 결석이 존재하는 지점과 충격파 발생지점을 일치시키기 위해 초음파 프로브부(110)의 위치를 변경시키는 경우, 프로브부(110)의 이동거리에 대한 정보, 즉, 거리정보가 화면에 표시되므로, 작업자는 PC부(133')의 화면만을 보고 일치시키는 작업을 수행할 수 있다.

[0068] 즉, PC부(133')에 따르면, 종래와 같이, 프로브부(110)가 거치된 거치대에 표기된 눈금자를 육안으로 확인하고, 다시 영상부(131)의 화면을 번갈아가며 확인할 필요없이, PC부(133')의 화면만 보고 작업을 수행할 수 있는 이점이 있다.

[0069] 상술한 영상부(131')와 이미지그랩부(132')와 PC부(133')를 포함하는 제어부(130')에 따르면, 영상부(131') 즉, 기존의 초음파 탐색 장비를 활용하여 센서부(123)에 의한 자동 거리측정 기능을 사용할 수 있는 효과가 있다.

[0071] 이상에서, 본 발명의 실시 예를 구성하는 모든 구성 요소들이 하나로 결합하거나 결합하여 동작하는 것으로 설명되었다고 해서, 본 발명이 반드시 이러한 실시 예에 한정되는 것은 아니다. 즉, 본 발명의 목적 범위 안에서라면, 그 모든 구성 요소들이 하나 이상으로 선택적으로 결합하여 동작할 수도 있다.

[0072] 또한, 이상에서 기재된 "포함하다", "구성하다" 또는 "가지다" 등의 용어는, 특별히 반대되는 기재가 없는 한, 해당 구성 요소가 내재할 수 있음을 의미하는 것이므로, 다른 구성 요소를 제외하는 것이 아니라 다른 구성 요소를 더 포함할 수 있는 것으로 해석되어야 한다. 기술적이거나 과학적인 용어를 포함한 모든 용어들은, 다르게 정의되지 않는 한, 본 발명이 속하는 기술 분야에서 통상의 지식을 가진 자에 의해 일반적으로 이해되는 것과 동일한 의미가 있다. 사전에 정의된 용어와 같이 일반적으로 사용되는 용어들은 관련 기술의 문맥상의 의미와 일치하는 것으로 해석되어야 하며, 본 발명에서 명백하게 정의하지 않는 한, 이상적이거나 과도하게 형식적인 의미로 해석되지 않는다.

[0073] 그리고 이상의 설명은 본 발명의 기술 사상을 예시적으로 설명한 것에 불과한 것으로서, 본 발명이 속하는 기술 분야에서 통상의 지식을 가진 자라면 본 발명의 본질적인 특성에서 벗어나지 않는 범위에서 다양한 수정 및 변형이 가능할 것이다.

[0074] 따라서, 본 발명에 개시된 실시 예들은 본 발명의 기술 사상을 한정하기 위한것이 아니라 설명하기 위한 것이고, 이러한 실시 예에 의하여 본 발명의 기술 사상의 범위가 한정되는 것은 아니다. 본 발명의 보호 범위는 아래의 청구범위에 의하여 해석되어야 하며, 그와 동등한 범위 내에 있는 모든 기술 사상은 본 발명의 권리범위에 포함되는 것으로 해석되어야 할 것이다.

부호의 설명

[0075] 10 : 베드부

20 : 영상부

30 : 충격파 생성장치

100 : 본 발명의 일실시예에 따른 체외 충격파 쇄석기에 설치되는 초음파 거리 측정 장치

110 : 프로브부

120 : 측정부

- 8 -

121 : 고정부

122 : 이동부

122a: 장착부

122b : 프레임부

122c : 슬라이딩부

123 : 센서부

130 : 제어부

r : 반사판

100' : 본 발명의 변형례에 따른 체외 충격파 쇄석기에 설치되는 초음파 거리 측정 장치

130' : 제어부

131' : 영상부

132' : 이미지그랩부

133' : PC부

도면

도면1

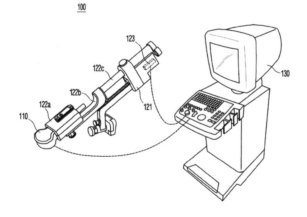

제3장 · 지식재산 서류 확인 방법　　　　　　137

도면2

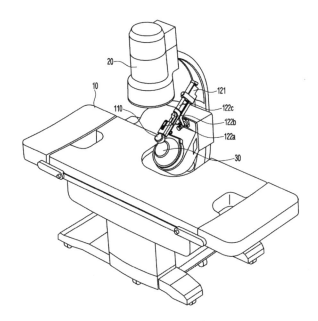

도면3

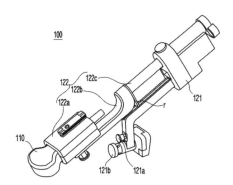

- 10 -

스타트업을 위한 지식재산 가이드

도면4

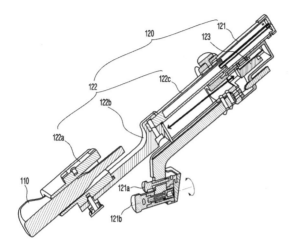

도면5

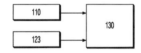

제3장 · 지식재산 서류 확인 방법

139

도면6

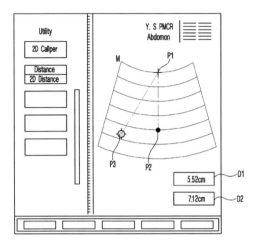

스타트업을 위한 지식재산 가이드

도면7

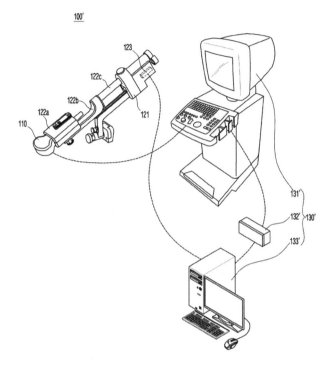

특허공보는 권리정보와 기술정보로 구분된다. 권리정보는 특허의 서지사항에 대한 정보로서, 공개번호, 공개일자, 국제특허분류(IPC), CPC 특허분류, 출원번호, 출원일자, 심사청구일자, 출원인, 발명자, 대리인에 대한 정보를 포함한다.

공개번호는 "XX-XXXX-XXXXXXX"의 형식을 가지는데, 특허인 경우 앞의 두 자리는 10, 실용신안인 경우 앞의 두 자리는 20으로 부여된다. 중간 4자리는 공개연도이며, 마지막 7자리는 당해 특허가 공개된 순서대로 부여된다. 공개일자는 특허의 공개가 실시된 일자이다.

국제특허분류(IPC), CPC특허분류는 해당 특허의 기술분류코드[265]를 기재한 것[266]이다. 출원번호는 특허출원 시 부여된 번호[267]이며, 출원일자는 출원서가 특허청에 제출된 날짜이고, 심사청구일자는 출원 후 심사청구[268]가 접수된 일자이다.

---

[265] 특허기술분류코드는 CPC(Cooperative Patent Classification, 선진특허분류코드)코드와 IPC(International Patent Classification, 국제특허분류)코드가 있다. CPC코드는 IPC코드보다 세분화된 특허분류체계로 전 세계 특허 문헌의 약 70%가 CPC코드로 분류되고 있다. IPC코드는 1968년 제정된 것으로, 키워드 중심 검색에 강점이 있어 아직도 널리 활용되고 있다.

[266] 기술분류코드는 특허청 공무원이 명세서의 [기술분야]에 기재된 내용을 기반으로 적절한 코드를 찾아 부여한다.

[267] 공개번호와 동일하게 "XX-XXXX-XXXXXXX"의 형식으로 구성되며, 특허인 경우 앞의 두 자리는 10, 실용신안인 경우 앞의 두 자리는 20으로 부여된다. 중간 4자리는 출원연도이며, 마지막 7자리는 당해 특허가 출원된 순서대로 부여된다.

[268] 특허출원서를 제출하면서 심사청구를 하여야 실체심사에 착수한다. 특허출원을 하면서 심사청구하지 않는 경우, 방식심사만이 실시되는데, 특허출원일로부터 3년이 경과할 때까지 심사청구되지 않으면 특허는 취하된다.

스타트업을 위한 지식재산 가이드

출원인은 출원 시에 특허권를 부여받을 권리를 가지는 자를 기재한 것으로 특허가 등록되는 경우 출원인이 특허권자가 된다. 발명자는 특허발명을 실제로 발명한 자[269]를 기재한 것이며, 대리인[270]은 특허 사건을 대리한 자를 기재한 것이다.

기술정보[271]에 대해서 살펴본다. 기술정보는 특허발명을 특정하고 특허청에 보호받고자 하는 기술적인 내용이 기재되는 부분으로, [발명의 명칭], [요약], [청구범위], [기술분야], [배경기술], [해결하려는 과제], [과제의 해결 수단], [발명의 효과], [도면의 간단한 설명], [발명을 실시하기 위한 구체적인 내용], [부호의 설명], [도면]으로 구성된다.

[발명의 명칭]은 말 그대로 발명의 명칭이 기재되는 부분인데, 발명의 명칭에 의해서 특허기술의 카테고리가 설정된다. 카테고리로는 ~장치와 같은 물건발명, ~공정과 같은 방법발명, ~추출물과 같은 조성물발명, 시스템발명 등이 있다. 상기 공보에서 발명의 명칭은 "체외 충격파 쇄석기에 설치되는 초음파 거리 측정 장치"이므로, 이로부터 해당 발명이 "장치"에 대한 발명임을 알 수 있다. 발명의 명칭에는 한글 명칭과 영문 명칭이 함께 병기되며, 영문 명칭은 관용적으로 대문자로 기재된다.

---

269 자연인만이 발명자가 되며, 법인은 발명자가 될 수 없다. 출원인의 경우 권리를 가지는 자로, 자연인뿐만 아니라 법인도 될 수 있다.
270 변리사 또는 특허법인이 될 수 있다.
271 기술정보에 기재된 사항을 일반적으로 업계에서 "명세서"라고 부른다.

[요약]은 특허기술의 구성 및 효과가 압축적으로 기재된 부분이다. [요약] 부분에는 발명의 핵심적인 내용이 기재되어 있는 바, 특허 선행기술 검색 시 [요약] 부분의 내용을 기초로 검색하는 경우가 많다. [요약] 부분의 앞 문단은 관용적으로 청구항 1항[272]의 내용과 동일한 내용이 기재되고, 뒷 문단에는 발명의 핵심적 효과가 기재된다.

상기 공보의 [요약] 부분은 다음과 같다.

> 본 발명은 체외 충격파 쇄석기에 설치되는 초음파 거리 측정 장치에 관한 것으로서, 초음파를 발생시켜 체내의 결석을 탐지하는 프로브부; 충격파 생성장치에 설치되며, 상기 프로브부가 이동가능하도록 설치되며, 상기 프로브부가 이동되는 거리를 측정하여 거리정보를 생성하는 측정부; 및 상기 프로브부로부터 전달되는 정보를 기초로 상기 체내의 초음파 영상을 화면에 표시하며, 상기 거리정보를 화면에 표시하는 제어부를 포함한다. 본 발명에 따르면, 초음파 프로브의 위치를 변경시키는 경우, 변경 거리가 제어부에 표시되므로, 결석이 존재하는 지점과 충격파 발생지점을 일치시키는 작업이 매우 용이해지는 효과가 있다.

상기와 같은 [요약]의 기재로부터, 발명의 핵심구성은 프로브부, 측정부, 제어부임을 알 수 있고, 발명의 효과는 프로브의 위치를 변경시키는 경우 변경 거리를 표시하여 결석 위치와 충격파 발생지점을 일치시키는 작업을 용이하게 하는 것임을 쉽게 알 수 있다.

---

272 [청구범위]의 첫 번째 항으로써, 발명의 가장 핵심적인 사항이자 필수적인 구성요소의 내용이 기재된다.

[청구범위]는 권리요구서와 권리서의 기능을 수행하는 것으로 보호받으려는 기술적 사항이 압축적으로 기재된 부분이다. 특허법 제92조에 "특허발명의 보호범위는 청구범위에 적혀 있는 사항에 의하여 정하여진다."라고 규정되어 있다. 즉 [청구범위]에 해당 특허발명의 핵심적인 사항이 기재되어 있다고 보면 된다. 그러므로 발명의 보호범위를 판단할 때에는 [청구범위]를 먼저 살펴서 발명의 기술적 특징을 먼저 파악하고, [요약], [발명의 효과] 부분을 참작하여 전체 기술 내용을 파악하면 된다.

상기 공보에서 [청구범위]의 청구항 1항은 다음과 같다.

> 초음파를 발생시켜 체내의 결석을 탐지하는 프로브부; 충격파 생성장치에 설치되며, 상기 프로브부가 이동가능하도록 설치되며, 상기 프로브부가 이동되는 거리를 측정하여 거리정보를 생성하는 측정부; 및 상기 프로브부로부터 전달되는 정보를 기초로 상기 체내의 초음파 영상을 화면에 표시하며, 상기 거리정보를 화면에 표시하는 제어부를 포함하는 체외 충격파 쇄석기에 설치되는 초음파 거리 측정 장치.

청구항 1항의 기재로부터 발명의 가장 핵심적으로 필수적인 구성요소는 프로브부, 측정부, 제어부로 파악할 수 있고, 제어부가 "프로브부로부터 전달되는 정보를 기초로 체내의 초음파 영상과 거리정보를 화면에 함께 표시하는 것"이 해당 발명의 핵심적인 특징임을 알 수 있다. 또한 상기 공보의 [청구범위]에 기재된 청구항의 수는 총 5개인 것으로 파악되므로, 발명에 5개의 특징[273]이 있다는 것도 알 수 있다.

[기술분야]는 해당 특허발명이 속하는 기술분야에 대해서 기재된 부분이다. 기술분야는 특허청에서 해당 특허발명의 국제분류코드[274]를 부여할 때 참작된다.

[배경기술]은 해당 발명의 배경이 되는 기술, 즉, 선행기술에 대한 내용 및 선행기술의 문제점에 대한 내용이 기재되는 부분이다. [배경기술] 내용을 살펴보면 본 발명이 어떠한 선행기술로부터 유래했는지, 어떠한 종래기술의 문제점을 극복하고자 했는지를 파악할 수 있다.

상기 공보의 [배경기술]의 마지막 문단에는 "즉, 종래의 X-RAY, 초음파 혼합 장치에 따르면, 결석이 존재하는 지점과 충격파 발생지점를 일치시키는 작업을 실시하는 도중, 프로브의 위치를 조절하는 것이 매우 불편한 문제가 있다."라고 기재되어 있으므로, 종래기술에 의할 때는 결석 지점과 충격파 발생지점을 일치시키는 것이 어려웠다는 것을 알 수 있다. 그러므로 해당 발명은 이를 해결하기 위한 것임을 자연스럽게 알 수 있다.

[해결하려는 과제]는 해당 특허발명의 목적이 기재되는 부분이다. [해결하려는 과제] 부분을 통해서 해당 특허발명이 어떤 목적으로 고안되었는지를 파악할 수 있다. 통상적으로 [기술분야]의 부분과 비슷한 내용으로 구성된다.

---

273 [청구범위]의 청구항 개수만큼 발명의 특징이 있으며, 각 청구항마다 별개의 발명이 된다.

274 "https://www.kipo.go.kr/kpo/HtmlApp?c=40304&catmenu =m06_07_02_09&year=2019&ver=01" 에서 IPC분류코드를 검색, 확인할 수 있다.

[과제의 해결 수단]은 [해결하려는 과제]에 제시되어 있는 목적을 달성하기 위해서 요구되는 수단이 기재된 부분으로, 관용적으로 [청구범위]의 내용과 동일한 내용이 기재된다. 이러한 이유는 [청구범위]에 기재된 발명을 구성하는 구성요소가 논리적으로 과제 해결 수단에도 해당하기 때문이다.

[발명의 효과]는 종래의 기술과 비교하여 해당 특허발명에 의해 기대될 수 있는 향상된 효과가 기재된 부분이다. [요약] 부분과 함께 참작하는 경우 발명의 핵심적인 특징을 빠르게 파악할 수 있다.

상기 공보에 기재된 [발명의 효과]는 다음과 같다.

> 본 발명에 따르면, 초음파 프로브의 위치를 변경시키는 경우, 변경 거리가 제어부에 표시되므로, 결석이 존재하는 지점과 충격파 발생지점을 일치시키는 작업이 매우 용이해지는 효과가 있다.

[발명의 효과] 부분의 기재로부터, 해당 발명에 따르면 결석 위치와 충격파 발생지점을 쉽게 일치시킬 수 있는 효과가 발생한다는 것을 알 수 있다.

[도면의 간단한 설명]은 [도면]이 어떠한 것을 도시하고 있는지를 설명하는 부분이다. 도면이 측면도인지, 평면도인지, 어떠한 동작을 도시하고 있는지 등의 표현으로 기재된다.

[발명을 실시하기 위한 구체적인 내용]은 해당 발명이 어떻게 구체적으로 실시되는지가 상세하게 기재된 부분으로, [청구범위]에 기재된 해당 발명의 필수 구성요소들을 이용한 구체적인 실시 예가 기재된다. 구체적인 내용은 구성요소의 순서(구성요소의 번호)대로 기재되는 것이 일반적이며, 구성요소들의 결합관계, 구성요소들이 동작하는 방법, 구성요소에 따른 효과 등이 기재되며, 이외에도 발명을 이해하고 설명하는 데 필요한 실험 예, 비교 예, 각종 그래프, 표 등도 기재될 수 있다.

[부호의 설명]은 [도면]에 표기된 구성요소를 지칭하는 부호(110, 120…)가 어떠한 구성요소를 의미하는지를 기재한 부분이다.

[도면]은 해당 특허발명의 구성이나 동작의 이해를 돕기 위해 발명을 그림으로 표시한 것이다. 기계장치와 같은 발명의 경우 발명을 보다 정확하게 이해하기 위해 [도면]을 참작하는 것이 필요하다. [도면]에서 각 구성요소에는 부호가 표기되어 있고, 각 부호는 [발명을 실시하기 위한 구체적인 내용]에도 함께 표기되어 있으므로, 이를 이용하면 더욱 쉽게 발명에 대한 기술 내용을 파악할 수 있다.

(4) 등록특허공보의 상세 내용[275]

●

등록특허공보의 권리정보에는 공개특허공보의 권리정보에 공고일자, 등록번호, 등록일자 정보가 추가되고, 출원인 부분이 특허권자로 바뀌

등록특허 10-2059390

(19) 대한민국특허청(KR)	(45) 공고일자　2019년12월26일
(12) 등록특허공보(B1)	(11) 등록번호　10-2059390
	(24) 등록일자　2019년12월19일

(51) 국제특허분류(Int. Cl.)
　　A61B 17/225 (2006.01)　A61B 17/00 (2006.01)
　　A61B 8/08 (2006.01)
(52) CPC특허분류
　　A61B 17/225 (2013.01)
　　A61B 17/2256 (2013.01)
(21) 출원번호　　10-2018-0037609
(22) 출원일자　　2018년03월30일
　　심사청구일자　2018년03월30일
(65) 공개번호　　10-2019-0114621
(43) 공개일자　　2019년10월10일
(56) 선행기술조사문헌
　　JP02277448 A*
　　(뒷면에 계속)
전체 청구항 수 : 총 3 항

(73) 특허권자
　　주식회사 에이치엔티메디칼
　　서울특별시 금천구 가산디지털2로 70, 2005호(가
　　산동, 대륭테크노타운19차)
(72) 발명자
　　전성중
　　경기도 광명시 하안로 364 하안주공9단지아파트
　　915동 1106호
(74) 대리인
　　박길환, 김갑수

심사관 :　김지언

(54) 발명의 명칭 체외 충격파 쇄석기에 설치되는 초음파 거리 측정 장치

(57) 요 약

본 발명은 체외 충격파 쇄석기에 설치되는 초음파 거리 측정 장치에 관한 것으로서, 초음파를 발생시켜 체내의
결석을 탐지하는 프로브부; 충격파 생성장치에 설치되며, 상기 프로브부가 이동가능하도록 설치되며, 상기 프로
브부가 이동되는 거리를 측정하여 거리정보를 생성하는 측정부; 및 상기 프로브부로부터 전달되는 정보를 기초로

(뒷면에 계속)

대 표 도 - 도1

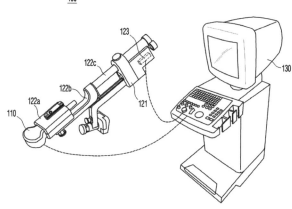

---

275 등록공보 제10-2059390호, 공개공보 제10-2019-0114621호에 대비하여 바뀐 부분만을 별도로 발
췌하였다.

명 세 서

청구범위

청구항 1

초음파를 발생시켜 체내의 결석을 탐지하는 프로브부;

충격파 생성장치에 설치되며, 상기 프로브부가 이동가능하도록 설치되며, 상기 프로브부가 이동되는 거리를 측정하여 거리정보를 생성하는 측정부; 및

상기 프로브부로부터 전달되는 정보를 기초로 상기 체내의 초음파 영상을 화면에 표시하며, 상기 거리정보를 화면에 표시하는 제어부를 포함하되,

상기 측정부는,

상기 충격파 생성장치에 설치되는 고정부와, 상기 프로브부가 설치되며 상기 고정부에 이동가능하게 설치되는 이동부와, 상기 고정부에 설치되며 상기 이동부가 상기 고정부로부터 이격되는 거리를 기초로 상기 거리정보를 생성하는 센서부를 포함하며,

상기 이동부는,

상기 고정부에 슬라이딩 방식으로 이동가능하게 설치되는 것을 특징으로 하는 체외 충격파 쇄석기에 설치되는 초음파 거리 측정 장치.

청구항 2

삭제

청구항 3

청구항 1에 있어서,

상기 센서부는,

레이저(Laser)를 이용하여 상기 거리정보를 생성하는 것을 특징으로 하는 체외 충격파 쇄석기에 설치되는 초음파 거리 측정 장치.

청구항 4

삭제

청구항 5

청구항 1에 있어서,

상기 이동부는,

상기 프로브부가 장착되는 장착부와, 상기 장착부에 설치되며 상기 센서부에서 조사되는 레이저가 접촉되는 반사판을 형성하는 프레임부와, 상기 프레임부에 설치되며 상기 고정부에 슬라이딩 방식으로 이동가능하게 설치되는 슬라이딩부를 포함하는 체외 충격파 쇄석기에 설치되는 초음파 거리 측정 장치.

발명의 설명

기 술 분 야

[0001] 본 발명은 체외 충격파 쇄석기에 설치되는 초음파 거리 측정 장치에 관한 것으로서, 보다 상세하는 초음파 프로브의 이동거리를 제어부의 화면에서 확인되게 하여, 결석 제거 작업의 효율을 크게 향상시킬 수 있는 체외 충격파 쇄석기에 설치되는 초음파 거리 측정 장치에 관한 것이다.

- 3 -

어 표기된다.

한편 등록번호는 "XX-XXXXXXX"의 형식을 가지는데, 특허의 경우 앞의 두 자리는 10으로 부여되고, 실용신안의 경우 20으로 부여된다. 뒤의 7자리는 특허등록 순서대로 부여된다.

또한 등록특허공보에는 의견제출통지단계에서 출원인이 제출한 보정서의 내용이 반영된다. 상기 예시에서 알 수 있듯이 특허공개공보와 비교하였을 때, [청구범위]의 청구항 1항의 내용이 변경되고, 청구항 2항 및 청구항 4항이 삭제된 것을 알 수 있다. 이것으로 해당 특허의 경우 의견제출통지단계에서 청구항 1항에 청구항 2항 및 청구항 4항 내용이 병합되었다는 것을 추측할 수 있다.

살펴본 바와 같이, 특허의 보호범위는 등록된 청구항의 내용으로 결정되는 바, 공개특허공보의 [청구범위]가 아니라 등록특허공보의 [청구범위] 내용으로 특허의 보호범위를 파악해야 한다. 상기 공보에서 보정된 [청구범위] 청구항 1항의 내용은 다음과 같다.

초음파를 발생시켜 체내의 결석을 탐지하는 프로브부; 충격파 생성장치에 설치되며, 상기 프로브부가 이동가능하도록 설치되며, 상기 프로브부가 이동되는 거리를 측정하여 거리정보를 생성하는 측정부; 및 상기 프로브부로부터 전달되는 정보를 기초로 상기 체내의 초음파 영상을 화면에 표시하며, 상기 거리정보를 화면에 표시하는 제어부를 포함하되, 상기 측정부는, 상기 충격파 생성장치에 설치되는 고정부와, 상기 프로브부가 설치되며 상기 고정부에 이동가

능하게 설치되는 이동부와, 상기 고정부에 설치되며 상기 이동부가 상기 고정
부로부터 이격되는 거리를 기초로 상기 거리정보를 생성하는 센서부를 포함하
며, 상기 이동부는, 상기 고정부에 슬라이딩 방식으로 이동가능하게 설치되는
것을 특징으로 하는 체외 충격파 쇄석기에 설치되는 초음파 거리 측정 장치.

여기서, 보정 전의 [청구범위]의 청구항 1항의 내용, 즉, 공개특허공보
에 기재된 [청구범위]의 청구항 1항의 내용에서 변경, 추가된 부분은 밑
줄 친 부분이다. 그러므로 최종적인 권리범위, 즉 보호범위는 공개특허
공보에 기재된 [청구범위]의 청구항 1항의 내용에 밑줄 친 부분(측정부의
세부사항)의 기술적 사항이 더 포함된 내용[276]이 된다.

한편, 등록특허공보의 [발명의 명칭], [요약], [청구범위], [기술분야],
[배경기술], [해결하려는 과제], [과제의 해결 수단], [발명의 효과], [도면의
간단한 설명], [발명을 실시하기 위한 구체적인 내용], [부호의 설명], [도
면]의 내용은 보정서에 의해 보정되지 않은 이상, 공개특허공보의 내용
과 동일한 내용으로 기재된다.

---

[276] 즉 해당 발명은 이동부를 고정부에서 슬라이딩 이동시키는 경우 발생되는 이동부와 고정부 사이의
이격거리를 기초로 거리정보를 생성하고, 이렇게 생성된 거리정보를 초음파 영상과 함께 제어부에
표시하는 것에 특징이 있고, 이러한 특징으로 해당 발명의 보호범위가 제한된다.

3.4

상표공보

(1) 상표공보의 종류

●

상표공보는 출원공고상표공보와 등록공고상표공보로 구분된다. 특허청 심사관이 상표출원에 대한 심사결과 거절이유를 발견할 수 없는 때에 출원공고 결정을 하며, 특허청장은 이를 상표공보에 게재하여 출원공고를 하는데, 이때 발행되는 공고가 출원공고상표공보이고, 출원공고 이후 상표등록 결정에 따라 출원인이 등록료를 납부함으로써 상표가 설정등록되면 발행되는 공보가 등록공고상표공보이다.

(2) 출원공고공보와 등록공고공보의 차이점

●

상표출원공고는 해당 상표가 곧 등록될 것임을 공중에 알려 제3자

[277]에게 이의신청의 기회를 주는 데 그 목적이 있으므로 출원공고상표공보는 이러한 목적을 달성하기 위해 발행된 공보라 할 수 있다. 출원공고상표공보는 심사관이 거절이유를 발견할 수 없는 때 발행되는 공보이기 때문에 의견제출통지단계가 없었다면 출원서에 기재된 내용과 동일한 상표 및 지정상품의 내용이 기재되고, 의견제출통지단계가 발생한 경우에는 의견제출통지단계에 대응한 보정의 내용이 반영된 상표 및 지정상품이 기재된다.[278] 즉, 출원공고상표공보는 최종적인 권리서가 아니기 때문에 출원공고상표공보에 기재된 사항은 권리로써 아직 확정된 내용은 아니다.

등록공고상표공보는 출원공고 이후, 제3자로부터 이의신청이 없고, 더 이상의 상표거절이유가 발견되지 않는 경우에 특허청장의 상표등록 결정에 따라 상표가 설정등록되는 경우에 발생되는 공보로, 출원공고기간 내에 보정이 없는 경우 출원공고상표공보의 내용과 동일한 내용이 기재되며, 출원공고 이후 보정이 발생하는 경우에는 그 보정된 내용이 반영된 상표 및 지정상품이 기재된다.[279] 등록공고상표공보는 최종적으로 확정된 권리의 내용을 포함하고 있으므로, 권리서로서의 역할을 수행한다. 그러므로 최종적인 상표의 권리범위를 파악하기 위해서는 출원공고상표

---

277 해당 상표 출원인의 경쟁업체와 같은 이해관계인일 것이다.
278 상표출원 이후 심사단계에서 거절이유가 발견되지 않았다면 출원공고상표공보에는 최초 출원 시 기재된 내용과 동일한 내용이 기재될 것이다.
279 일반적으로 보정은 지정상품의 보정이 대부분이며, 상표의 경우 보정이 실시되는 경우가 거의 없다. 상표를 보정하는 경우 대부분 요지변경에 해당되어 거절되기 때문에, 상표가 보정된 등록공고상표공보는 거의 발견되지 않는다.

공보가 아닌, 등록공고상표공보를 확인해야 한다.

(3) 출원공고상표공보의 상세 내용[280]

●

상표공보는 권리정보와 상표정보로 구성된다. 권리정보는 상표의 서지사항에 대한 정보로서, 공고번호, 공고일자, 분류, 출원번호, 출원일자, 출원인, 대리인에 대한 정보를 포함한다.

공고번호는 "XX-XXXX-XXXXXXX"의 형식을 가지는데, 지정상품이 상품인 경우 앞의 두 자리는 40, 지정상품이 서비스인 경우 앞의 두 자리는 41, 지정상품이 상품 및 서비스인 경우 45로 부여[281]된다. 중간 4자리는 공개연도이며, 마지막 7자리는 당해 상표가 공고된 순서대로 부여된다. 공고일자는 공고가 실시된 일자이다.

분류는 지정상품의 분류를 의미하는 것으로, NICE[282] 기준으로 부여된 분류가 사용된다. 분류는 복수 개로 지정가능하다. 다음 페이지에

---

280 공고공보 제40-2017-0065463호

281 업무표장의 경우 42, 단체표장인 경우 43, 지리적표시단체표장인 경우 44, 증명표장인 경우 47, 지리적표시증명표장인 경우 48이 부여된다.

282 국제상품분류를 의미하는 것으로, 1957년 상품 및 서비스업분류를 국제적으로 통일하기 위한 「국제상품분류제도에 관한 협정(니스협정)」에 의해 정해진 상품 및 서비스업에 관한 국제분류제도이다. 니스협정의 정식명칭은 "표장등록을 위한 상품 및 서비스업의 국제분류에 관한 니스 협정(Nice Agreement Concerning the Int'l Classification of Goods and Services for the Purposes of the Registration of Marks)"이다.

	(190) 대한민국특허청(KR) 출원공고상표공보	(260) 출원공고번호	40-2017-0065463
		(442) 출원공고일자	2017년06월29일

(511) 분류　　　　　　　　37(10판) 19(10판) 06(10판)
(210) 출원번호　　　　　　40-2016-0094869
(220) 출원일자　　　　　　2016년11월07일
(731) 출원인
　　송형석
　　서울특별시 용산구 이촌로2가길 66, 101동 402호 (이촌동, 북한강아파트)
(740) 대리인
　　박길환, 김갑수

담당심사관 : 정래영

(511) 지정상품(업무)

제 06 류

금속제 이동식 부스, 금속제 조립식 부스, 금속제 가설방음판넬, 금속제 방음판, 금속제 바닥재, 금속제 문,
건축용 금속제 패널, 금속제 도어패널, 금속제 문 및 울타리 패널, 금속제 바닥패널, 금속제 울타리 패널,
금속제 문 및 창문, 금속제 창문, 창문용 금속제 부속품, 금속제 이동식 건축물, 금속제 건축재료, 금속제 건
축 또는 구축 전용재료, 금속제 조립식 건축물, 금속제 이동식 방음부스,

제 19 류

비금속제 이동식 부스, 비금속제 조립식 부스, 비금속제 방음 부스, 비금속제 바닥재, 비금속제 문, 건축용
비금속제 패널, 비금속제 도어패널, 비금속제 문 및 울타리 패널, 비금속제 바닥패널, 비금속제 울타리 패널,
비금속제 문 및 창문, 비금속제 창문, 창문용 비금속제 부속품, 비금속제 이동식 건축물, 비금속제 건축재료,
비금속제 건축 또는 구축 전용재료, 비금속제 조립식 건축물,

제 37 류

건물방음설비 설치업, 건물방음설비 공사업, 방음처리공사업, 소음방지처리업, 방음부스 설치업, 방음부스 설
치서비스업, 방음부스 공사업, 이동식 및 조립식 건물 건축/관리/수리업, 방음판 설치업, 방음판 공사업, 건
물 및 기타 구조물 건축 관련 자문업, 방음처리관련 건축장비 임대업, 방음처리시설물 유지 및 보수업, 방음
공사업, 방음문 수리 또는 관리업,

상표견본

- 1 -

수록된 공보에 따른 상표의 경우 06류, 19류, 37류가 지정되었다. 출원번호는 상표출원 시 부여된 번호[283]이며, 출원일자는 출원서가 특허청에 제출된 날짜이다.

출원인은 출원 시에 상표를 받을 권리를 가지는 자를 기재한 것으로 상표가 등록되는 경우 출원인이 상표권자가 된다. 대리인[284]은 상표 사건을 대리한 자를 기재한 것이다.

상표정보는 [지정상품]과 [상표견본]으로 구성된다. [지정상품]은 상표가 사용될 상품 또는 서비스를 기재한 것으로서, NICE 기준 분류에 따라 류 별로 복수 개로 기재될 수 있다. 상표의 보호범위는 지정상품과 동일하거나 유사한 범위까지 확장된다. 따라서 상표가 동일하다고 하더라도 지정상품이 비유사한 경우에는 상표침해를 구성하지 않을 수 있으므로, 지정상품을 면밀히 확인하는 것이 필요하다.

상기 공보에 따른 상표는 06류에서 "금속제 이동식 부스, 금속제 조립식 부스, 금속제 가설방음판넬, 금속제 방음판 …"이 지정상품으로 지정되었고, 19류에서 "비금속제 이동식 부스, 비금속제 조립식 부스, 비금속제 방음 부스, 비금속재 바닥재 …"가 지정상품으로 지정되었고, 37류에서 "건물방음설비 설치업, 건물방음설비 공사업, 방음처리공사업, 소음

---

283 공고번호와 동일하게 "XX-XXXX-XXXXXXX"의 형식으로 구성되며, 앞의 두 자리는 40(상품), 41(서비스), 45(상품 및 서비스) 등으로 부여되며, 중간 4자리는 출원연도이며, 마지막 7자리는 당해 상표가 출원된 순서대로 부여된다.

284 변리사 또는 특허법인이 될 수 있다.

방지처리업 …"이 지정서비스업으로 지정되었음을 알 수 있다.

[상표견본]은 상표가 기재되는 부분으로 문자 또는 도형 또는 문자와 도형이 결합 된 것 등[285]으로 표현될 수 있다. 상표의 보호범위는 [상표견본]에 기재되어 도형이 문자를 압도하지 않는 이상, 문자의 호칭을 중심으로 유사범위까지 확장되므로 이를 고려하여 판단하는 것이 바람직하다.

상기 공보에 따른 상표의 경우 "BOX"와 "STORE" 부분으로 구성되어 있고, "BOX"의 "O" 부분에 약한 도안화가 되어 있는 것으로 확인된다. 이 정도 도안의 경우, 실질적으로 없는 것과 마찬가지로 취급되므로, 상기 공보에 따른 상표는 거의 문자 상표와 같이 취급된다고 볼 수 있다.

(4) 등록공고상표공보의 상세 내용[286]

●

등록공고상표공보의 권리정보에는 출원공고상표공보의 권리정보에 등록공고번호, 등록공고일자, 등록번호, 등록일자 정보가 추가되고, 출원인 부분이 상표권자로 바뀌어 표기된다.

여기서 등록번호는 "XX-XXXXXXX"의 형식을 가지는데, 지정상품이 상품인 경우 앞의 두 자리는 40, 지정상품이 서비스인 경우 앞의 두 자

---

285 이외에 색상만으로 이루어진 것, 소리, 냄새 등도 상표를 구성할 수 있다.
286 등록공보 제40-2017-0103695호

스타트업을 위한 지식재산 가이드

| (190) 대한민국특허청(KR) | (112) 등록공고번호 | 40-2017-0103695 |
| 등록공고상표공보 | (450) 등록공고일자 | 2017년11월16일 |

(511) 분류　　　　　　　　37(10판) 19(10판) 06(10판)
(210) 출원번호　　　　　　40-2016-0094869
(220) 출원일자　　　　　　2016년11월07일
(260) 출원공고번호　　　　40-2017-0065463
(442) 출원공고일자　　　　2017년06월29일
(111) 등록번호　　　　　　40-1302715
(151) 등록일자　　　　　　2017년11월10일
(732) 상표권자
　　　송형석
　　　서울특별시 영등포구 선유서로 115, 102동 1001호 (양평동3가, 삼천리아파트)
(740) 대리인
　　　박길환, 김갑수

담당심사관 : 정래영

(511) 지정상품(업무)

제 06 류

금속제 이동식 부스, 금속제 조립식 부스, 금속제 가설방음판넬, 금속제 방음판, 금속제 바닥재, 금속제 문,
건축용 금속제 패널, 금속제 도어패널, 금속제 문 및 울타리 패널, 금속제 바닥패널, 금속제 울타리 패널,
금속제 문 및 창문, 금속제 창문, 창문용 금속제 부속품, 금속제 이동식 건축물, 금속제 건축재료, 금속제 건
축 또는 구축 전용재료, 금속제 조립식 건축물, 금속제 이동식 방음부스,

제 19 류

비금속제 이동식 부스, 비금속제 조립식 부스, 비금속제 방음 부스, 비금속제 바닥재, 비금속제 문, 건축용
비금속제 패널, 비금속제 도어패널, 비금속제 문 및 울타리 패널, 비금속제 바닥패널, 비금속제 울타리 패널,
비금속제 문 및 창문, 비금속제 창문, 창문용 비금속제 부속품, 비금속제 이동식 건축물, 비금속제 건축재료,
비금속제 건축 또는 구축 전용재료, 비금속제 조립식 건축물,

제 37 류

건물방음설비 설치업, 건물방음설비 공사업, 방음처리공사업, 소음방지처리업, 방음부스 설치업, 방음부스 설
치서비스업, 방음부스 공사업, 이동식 및 조립식 건물 건축/관리/수리업, 방음판 설치업, 방음판 공사업, 건
물 및 기타 구조물 건축 관련 자문업, 방음처리관련 건축장비 임대업, 방음처리시설물 유지 및 보수업, 방음
공사업, 방음문 수리 또는 관리업,

상표견본

- 1 -

리는 41, 지정상품이 상품 및 서비스인 경우 45로 부여[287]된다. 마지막 7자리는 당해 상표가 등록된 순서대로 부여된다.

또한 등록특허공보에는 출원공고 이후 상표등록 결정 사이에서 출원인이 제출한 보정서의 내용이 반영된다. 상기 예시에서는 양자가 내용이 동일하므로 이로부터 출원공고 이후 상표등록 결정 사이에 어떠한 보정도 없었음을 추측할 수 있다.

한편, 상표의 보호범위는 등록된 [지정상품] 및 [상표견본]의 내용으로 결정되는 바, 출원공고상표공보의 [지정상품] 및 [상표견본]이 아니라 등록공고상표공보의 [지정상품] 및 [상표견본]의 내용으로 상표의 보호범위를 파악해야 한다.

---

287 업무표장의 경우 42, 단체표장인 경우 43, 지리적표시단체표장인 경우 44, 증명표장인 경우 47, 지리적표시증명표장인 경우 48이 부여된다.

스타트업을 위한 지식재산 가이드

3.5

디자인공보

(1) 디자인공보의 종류

●

디자인공보는 공개디자인공보와 등록디자인공보로 구분된다. 출원인이 출원한 디자인에 대해 공개신청[288]을 하는 경우 특허청장은 출원디자인의 내용을 디자인공보에 게재해야 하는데, 이때 발생하는 공보가 디자인공보이고, 디자인등록 결정에 따라 출원인이 등록료를 납부함으로써 디자인이 설정등록되면 발행되는 공보가 등록디자인공보이다.

---

288 디자인의 경우 특허와는 달리 출원인의 신청에 의해서만 공개가 이루어진다. 특허의 경우 출원인의 신청에 의해서 공개되기도 하고, 출원일 후 1년 6개월이 경과하는 경우에도 강제 공개된다. 디자인을 공개신청하는 이유는 특허의 경우와 같다. 즉, 디자인공개는 디자인출원 이후 타인의 디자인침해 행위가 발견됨에 따라 보상금 청구권을 발생시키기 위해서 신청하거나, 디자인을 조기에 공개하여 후출원의 심사 시 공개디자인으로 채택되게 함으로써 후출원의 등록을 방해하기 위해서 신청한다.

(2) 공개공보와 등록공보의 차이점

●

공개디자인공보는 그 자체로 디자인공개서로서의 역할을 수행한다. 그러나 공개디자인공보는 오직 출원인이 공개신청하는 경우에만 발행된다. 따라서 공개디자인공보는 출원계속 중에 있는 디자인의 침해행위에 대해 경고를 주기 위한 목적 및 해당 디자인을 공개하여 동일하거나 유사한 후출원 디자인의 등록을 배제하기 위한 방어적인 목적이 크다고 할 수 있다. 공개디자인공보에는 출원인이 출원 시 제출하였던 출원서의 내용이 그대로 포함된다. 한편, 공개디자인공보는 최종적인 권리서가 아니기 때문에 공개디자인공보에 기재된 디자인사항은 권리로서 아직 확정된 내용이 아니다.

등록디자인공보는 디자인 거절이유가 발견되지 않거나 디자인 거절이유가 해소되어 디자인등록 결정이 있는 경우 출원인이 등록료를 납부함으로써 디자인이 설정등록되는 경우에 발행되는 공보이다. 그러므로 심사 도중 의견제출통지 절차가 있었던 디자인출원의 경우 등록디자인공보에는 의견제출통지에 대응하여 보정한 내용이 반영될 수 있다. 등록디자인공보는 디자인공개서로서의 역할도 수행하지만, 최종적으로 확정된 권리의 내용도 포함하고 있으므로, 권리서로서의 역할도 수행한다. 그러므로 최종적인 디자인의 내용을 파악하기 위해서는 공개디자인공보가 아닌, 등록디자인공보를 확인해야 한다.[289]

공개디자인공보와 등록디자인공보는 기본적으로 공개특허공보와 등록특허공보의 관계와 동일하다. 그러나 디자인은 특허와는 다르게 강제 공개제도가 없고, 자진공개만을 허용하고 있기 때문에 특허에 비해서 디자인은 공개되는 경우가 매우 드물다. 그러므로 대부분의 디자인출원의 경우 등록디자인공보만이 발행된다. 따라서 이하에서는 공개디자인공보는 생략하고 등록디자인공보에 대해서만 살펴보도록 한다.

(3) 등록디자인공보의 상세 내용[290]

●

등록디자인 30-0829070

	(19) 대한민국특허청(KR)	(45) 공고일자	2015년12월10일
	(12) 등록디자인공보(S)	(11) 등록번호	30-0829070
		(24) 등록일자	2015년12월02일

(52) 분류   D3-315
(51) 국제분류   26-05
(21) 출원번호   30-2015-0035348
(22) 출원일자   2015년07월14일
(73) 디자인권자
    곽계녕
    서울특별시 광진구 능동로26길 23 (능동)
(72) 창작자
    곽계녕
    서울특별시 광진구 능동로26길 23 (능동)

(74) 대리인
    박길환
담당심사관 : 강보서
(54) 명칭 천장용 조명등{LIGHTING FOR CEILING}

---

289 등록디자인의 권리범위를 파악하기 위해서 등록디자인공보의 "도면" 및 "디자인의 대상이 되는 물품"을 확인해야 한다.
290 등록공보 제30-0829070호

디자인도면

물품류
26

디자인의 대상이 되는 물품
천장용 조명등{LIGHTING FOR CEILING}

디자인의 설명
1. 재질은 금속제, 유리재 및 합성수지재 등임.

2. 본 디자인은 천장에 설치되는 조명등으로써, 조명등 내부에 설치된 전구에서 방출된 빛이 양측면에 형성된 개구로 새어나오게 하여 심미감을 살린 것임.

3. 도면 1.1은 본 디자인의 전체적인 형태를 표현하는 도면이며, 도면 1.2는 본 디자인의 정면부분을 표현하는 도면이고, 도면 1.3는 본 디자인의 배면부분을 표현하는 도면이며, 도면 1.4는 본 디자인의 좌측면부분을 표현하는 도면이고, 도면 1.5는 본 디자인의 우측면부분을 표현하는 도면이며, 도면 1.6은 본 디자인의 평면부분을 표현하는 도면이고, 도면 1.7은 본 디자인의 저면부분을 표현하는 도면임.

4. 참고도면 1.1은 본 디자인의 사용상태도로써, 본 디자인이 천장에 장착된 상태를 표현하는 도면임.

디자인 창작 내용의 요점
본 디자인은 '천장용 조명등'의 형상과 모양의 결합을 디자인 창작 내용의 요점으로 함.

도면 1.1

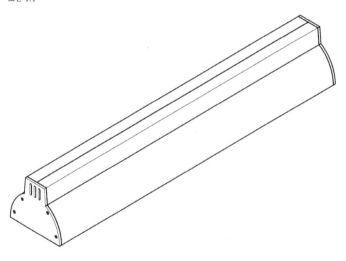

- 2 -

스타트업을 위한 지식재산 가이드

도면 1.2

도면 1.3

도면 1.4

도면 1.5

도면 1.6

- 3 -

도면 1.7

참고도면1.1

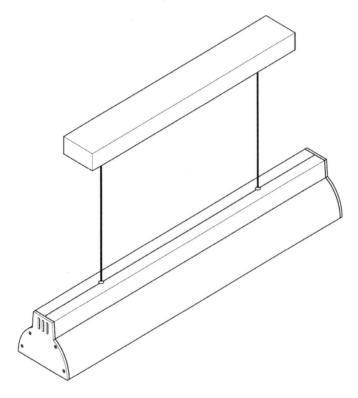

- 4 -

스타트업을 위한 지식재산 가이드

디자인공보는 권리정보와 디자인정보로 구성된다. 권리정보는 디자인의 서지사항에 대한 정보로서, 공고일자, 등록번호, 등록일자, 분류, 국제분류, 출원번호, 출원일자, 디자인권자, 창작자, 대리인에 대한 정보를 포함한다.

공고일자는 디자인이 공고된 일자를 의미한다. 등록번호는 "30-XXXXXXX"의 형식을 가지는데, 등록번호의 마지막 7자리는 당해 디자인이 등록된 순서대로 부여된다. 등록일자는 등록이 실시된 일자이다.

분류는 디자인의 대상이 되는 물품의 분류[291]를 의미하는데, 여기서는 한국분류[292]를 의미한다. 국제분류는 디자인의 대상이 되는 물품의 로카르노 국제분류[293][294]를 의미하며, 출원번호는 디자인이 특허청에 출원되었을 때 부여되는 번호이고, 출원일자는 출원서가 특허청에 제출된 날짜이다.

---

291 물품의 분류 즉, 구분은 디자인등록출원서 작성의 일관성 유지와 통일된 명칭을 사용하기 위한 것으로 물품 상호 간의 유사범위를 정하는 것은 아니다.

292 XX-XX 형식으로 구성된다. 앞의 두 자리는 "물품류"를 의미하며, 뒤의 두 자리는 "물품군"을 의미한다. 물품류는 넓은 범위의 물품분류이며, 물품군은 물품류 내부에서 다시 물품을 세분류한 것이다. 물품류와 물품군의 분류는 물품의 기능과 용도를 고려하여 정한 것이다. 따라서, 물품류와 물품군이 동일하면 기능과 용도가 유사할 가능성이 높지만, 반드시 그러한 것은 아니다.

293 국제분류는 관리적 목적으로만 사용되며 특허청에서의 실체심사 시에는 한국분류를 기준으로 심사한다.

294 2014년 7월 1일부터 국제디자인등록출원제도가 시행됨에 따라 우리나라 특허청은 디자인출원 시 산업디자인의 국제분류(로카르노분류 12판)를 디자인분류에 사용하고 있다. 로카르노분류(12판은 2019년 1월 발행)는 32개류 218개군에 5,378개의 물품목록을 포함하고 있다.

디자인권자는 디자인에 대한 권리를 가지는 자로, 출원인 변경이 없다면, 출원 시의 출원인이 디자인권자가 된다. 창작자[295]는 해당 디자인을 직접 창작한 자로서, 특허에서의 발명자에 대응되는 개념이다. 대리인[296]은 디자인 사건을 대리한 자를 기재한 것이다.

디자인정보는 [물품류], [디자인의 대상이 되는 물품], [물품류], [디자인 창작 내용의 요점], [도면]으로 구성된다.

[디자인의 설명]은 한국분류에서 앞의 두 자리 "물품류"가 기재된 부분으로, 1류부터 31류 중 어느 하나가 기재된다.

[디자인의 대상이 되는 물품]은 디자인을 가지는 대상, 즉, 물품의 명칭[297]이 기재된 부분이다. 영문을 병기하여 기재되는 경우도 있으나, 대부분은 한글 명칭만이 기재된다. 디자인의 대상이 되는 물품의 동일, 유사여부에 따라서 디자인보호범위가 결정되므로 도면과 더불어 반드시 확인해야 하는 부분이다.

[디자인의 설명]은 디자인의 구체적인 설명이 기재되는 부분이다. 일반적으로 물품의 재질(투명성 등) 및 기본적인 용도와 기능에 대한 내용

---

295 특허와 마찬가지로 법인은 될 수 없고, 자연인만 가능하다.

296 변리사 또는 특허법인이 될 수 있다.

297 특허청에서 제공하는 "디자인물품목록"에 수록된 명칭이 기재되는 것이 바람직하다. 디자인물품목록은 로카르노분류와 한국분류의 물품명칭을 합한 것으로 약 10,069개의 물품명칭을 포함한다.

스타트업을 위한 지식재산 가이드

과 각 도면에 대한 설명이 기재된다. [디자인의 설명]에 기재된 내용에 의해서 물품의 용도, 기능이 제한될 수 있다.

[디자인 창작 내용의 요점]은 디자인의 창작적인 핵심 부분이 기재되는 것으로, 관용적으로 "물품의 형상과 모양의 결합을 디자인 창작 내용의 요점으로 한다."라고 기재된다. 디자인의 보호범위는 물품이 가지고 있는 형상과 모양의 결합[298]으로 이루어지기 때문이다.

[도면]은 디자인을 여러 각도에서 도시한 도면이 첨부되는 부분이다. 디자인의 보호범위는 도면에 표현된 물품의 형태, 모양, 색채의 결합에 의해서 결정된다. 그러므로 디자인공보에서는 도면이 가장 중요한 정보라 할 수 있다.

[도면]에는 기본적으로 7개의 도면이 첨부된다. 7개의 도면은 사시도[299], 정면도, 배면도, 좌측면도, 우측면도, 평면도, 저면도로 구성된다. 이외에도 물품의 동작이나 사용예시, 내부모습 등을 표현하는 도면도 첨부될 수 있다. 이때에는 [참고도면]이나 [부가도면] 형태로 첨부된다.

---

[298] 보호범위의 확장을 위해 색채를 생략하는 경우가 대부분이다.
[299] 물품을 약 45˚ 각도에서 바라본 모습

지식재산
검색 방법

공보
검색의 기초

창업자들은 지식재산에 대해 여러 궁금증을 가지는데, 그중에서도 특히, 자신의 아이템에 대한 특허, 상표, 디자인의 등록 가능성을 가장 궁금해한다. 특허, 상표, 디자인의 등록 가능성을 검토하기 위해서는 각각의 권리에 대한 선행되는 공보를 조사해야 하는데, 새로운 아이디어가 생기거나 새로운 브랜드 네임을 떠올릴 때마다 매번 변리사와 같은 전문가를 찾아 상담하고 그러한 조사를 의뢰하는 일은 매우 비효율적이며, 비용도 부담된다. 따라서 직접 특허, 상표, 디자인을 조사하는 방법을 숙지하는 것이 필요할 것이다.

공보를 검색할 수 있는 사이트는 여러 종류가 있는데, 대부분 유료서비스[300]이며, 무료로 서비스하는 곳은 드물다. 무료서비스를 제공하는 곳 중 대표적인 것이 한국특허정보원[301]의 "특허정보넷 키프리스[302]" 사이트이다.

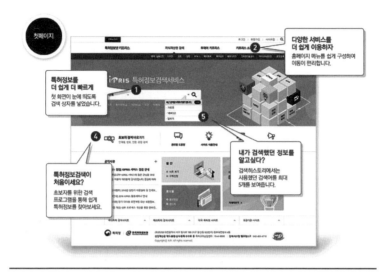

키프리스 사이트에서는 특허, 실용신안, 상표, 디자인과 같은 산업재
산권에 대한 각종 정보의 조회가 가능하며, 국내뿐만 아니라 해외의 지
식재산권에 대한 정보도 조회가 가능하다.

일반적인 검색엔진과 마찬가지로 키프리스 사이트도 기본적으로 키
워드[303] 검색(Keyword Research)으로 작동한다. 키워드가 복수 개인 경
우에는 각 키워드 사이에 적절한 연산자를 입력하여 검색식을 완성할

---

300 윕스온(www.wipson.com), 위즈도메인(www.wisdomain.com), 키워트(www.keywert.com) 등이
있다.
301 특허청 산하기관으로 지식재산 검색서비스, 지식재산정보활용, 특허넷 시스템 운영 등의 사업을 실
시하고 있다. 자세한 정보는 홈페이지(www.kipi.or.kr)에서 확인할 수 있다.
302 www.kpris.or.kr

구분		상세내용	검색예
단어검색		특정 단어가 포함 된 특허 검색	디스크
구문검색		검색어가 순서대로 인접하여 나열되어 있는 특허실용 검색 (공백과 복합명사, 조사, 특수문자가 포함된 경우도 검색)	"데이터 신호"
논리 연산	AND 연산 (*)	입력된 키워드 2개가 모두 포함된 특허실용 검색	휴대폰* 케이스
	OR 연산 (+)	입력된 키워드 중 한개라도 포함된 특허실용 검색	핸드폰 +휴대폰
	NOT 연산 (!)	입력된 키워드 2개 중 한개는 반드시 포함하고 한개는 포함되지 않는 특허실용 검색	자동차*! 클러치
	NEAR 연산 (^)	첫번째 검색어와 두번째 검색어의 거리가 1단어(^1), 2단어(^2), 3단어(^3) 떨어진 특허실용 검색 (3단어까지만 지원하고 순서를 고려하여 검색함)	자동차^2 각도
	절단 자 연산 (?)	일부 번호가 제외된 번호에 대한 특허실용 검색 (번호 검색에만 사용할 수 있으며, 자세한 사용법은 검색도움말-스마 트검색-번호정보 도움말을 참고하세요)	?-2012- 0001234

수 있다. 키프리스에서 사용가능한 연산자는 상기 표와 같다.

기본적인 검색법은 검색하고자 하는 내용을 의미하는 키워드와 논리

연산자가 조합된 검색식을 검색창에 입력하는 것이다. 하지만 무턱대고

---

303 키워드란 문장 또는 문단에서 핵심적인 용어를 의미하는데, 특허 검색에 있어서는 찾고자 하는 특허
기술을 가장 핵심적으로 나타내는 기술용어가 키워드가 된다.

스타트업을 위한 지식재산 가이드

만든 검색식으로 검색을 수행하게 되면, 찾고자 하는 정보를 정확하게 찾을 수 없을 것이다.

보다 효율적인 정보의 검색을 위해서는 권리별 각 공보에 기재된 정보를 적절하게 이용하는 것이 필요하고, 검색엔진에서 제공하는 기능을 적절히 활용하는 것이 필요하다. 이하에서는 실제 예시를 통해 특허공보, 상표공보, 디자인공보를 가장 효율적으로 검색할 수 있는 단계적인 방법에 대해서 알아본다.

특허
검색 방법[304]

(1) 기본 검색 방법

•

예를 들어, 자동차 클러치 구조를 개선함으로써 엔진 효율이 향상되는 기술을 찾고 싶은 경우에는 다음과 같이 검색식을 만들 수 있다.

검색식 1 : (자동차)*(클러치)*(엔진)*(효율)

상기와 같은 검색식 1을 키프리스 사이트의 검색창에 그대로 입력하면 6,141건의 검색결과가 출력된다.

---

304 이하에서 검색된 검색결과는 2020년 01월 13일 자 기준으로 실시되었다.

스타트업을 위한 지식재산 가이드

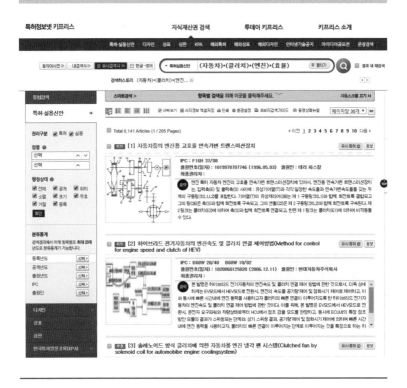

검색식 1을 이용한 검색결과 화면

특허청 데이터베이스에 저장된 모든 특허공보[305] 중에서 "자동차"와 "클러치"와 "엔진"과 "효율"이라는 키워드가 모두 포함된 특허공보가 검색된 것이다.

---

305 특허공보란, 특허청장이 발행하는 특허문서로 특허공개(특허출원 후 1년 6개월이 경과되면 공개된다)에 따라 발행되는 공개특허공보와 특허등록에 따라 발생되는 등록특허공보가 있다.

(2) 유사어 반영하기

●

보다 정확한 검색을 위해서는 유사어가 검색식에 함께 반영되어야 한다. 왜냐하면, "자동차"의 경우, 특허문서에서 "차량", "CAR", "운송수단" 등으로 표현될 수 있는데, "자동차"만을 키워드에 넣는 경우, 나머지 유사어로 표현된 특허문서는 전혀 검색할 수 없게 되기 때문이다.

유사어를 사용하여 검색식 1을 다음과 같이 적절하게 수정할 수 있다.

> 검색식 2 : (자동차+차량+CAR+탈것)*(클러치+clutch)*(엔진+앤진+engine)*(효율+효과+효능)

유사어 이외에도 영어단어, 오타로 인해 기재될 수 있는 단어도 포함해 주면 빠트림 없이 특허문서를 검색할 수 있다. 검색식 2로 키프리스에서 다시 특허공보를 검색하면 18,118건이 검색된다. 이전에 유사어 없이 검색하였던 6,141건에 비해 3배 가까이 검색 건수가 증가하였다. 검색결과는 다음 페이지의 그림과 같다.

검색식 2를 이용한 검색의 경우 너무 많은 검색 건수 때문에 찾고자 하는 자료를 검토하는 데 많은 시간이 소요되는 문제가 있다.

검색식 2를 이용하여 검색된 공보 18,118건 모두 클러치 구조를 개선

스타트업을 위한 지식재산 가이드

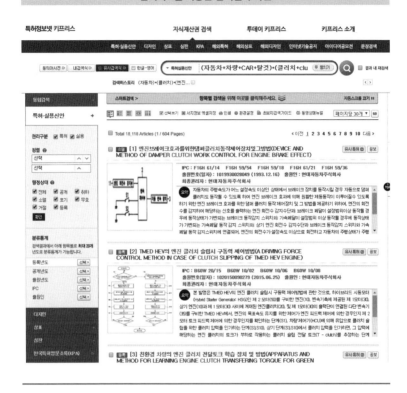

검색식 2를 이용한 검색결과 화면

하여 자동차 엔진 효율을 높일 수 있는 기술은 아닐 것이다. 즉, 검색 건에는 클러치 구조 개선 이외에 다른 이유로 자동차 엔진 효율이 개선하는 기술이 포함되거나, 자동차에 대한 기술이긴 하지만 자동차 엔진 효율과는 전혀 관계없는 기술에 대한 것도 다수 포함되어 있을 것이다.[306]

---

[306] "엔진", "클러치"는 [발명을 실시하기 위한 구체적인 내용]에서 다른 기술설명 중에 필요에 의해 기재된 단어일 확률이 높다.

(3) 특허공보 목차 활용하기

●

검색식 2를 이용한 검색 결과는 검색건수가 너무 많다. 따라서 보다 정밀한 검색이 될 수 있도록 검색식의 재수정이 필요 하다. 이때에는 특허공보 목차[307]를 활용하는 것이 효율적이다. 특히 특허공보의 목차 중 [요약], [청구범위]를 이용하면 매우 효율적으로 검색 건수를 줄일 수 있다.

자동차 클러치 구조를 개선함으로써 엔진 효율이 향상되는 기술의 경우, "자동차", "엔진", "효율"은 [요약]에 반드시 들어가 있을 것이고, "클러치"는 [청구범위]에 포함될 가능성이 매우 높다.

이를 반영하여 검색식을 다시 수정하면 다음과 같다.

검색식 3 : AB=[(자동차+차량+CAR+탈것)*(엔진+앤진+engine)*(효율+효과+효능)]*CL=[클러치+clutch]

"AB=[ ]"는 요약에 기재된 단어만을 검색하고, "CL=[ ]"은 청구범위에 기재된 단어만을 검색하는 연산자이다. 이는 키프리스 사이트의 "스마트 검색"을 이용하면 자동적으로 생성할 수 있다.

---

307 특허공보에서 기술정보 부분의 목차는 [발명의 명칭], [요약], [청구범위], [기술분야], [배경기술], [해결하려는 과제], [과제의 해결수단], [발명의 효과], [도면의 간단한 설명], [발명을 실시하기 위한 구체적인 내용]으로 구성된다.

스타트업을 위한 지식재산 가이드

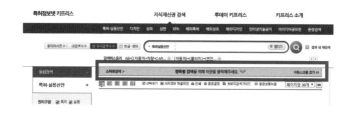

위 화면의 빨간색 박스를 클릭하면, 스마트 검색 화면이 나오며, 여기에서 특허공보 목차에 따라 검색어를 아래와 같이 각각 입력하고 검색하기를 클릭하면, 입력창에 이러한 점이 반영된 키워드가 자동으로 입력되고, 검색이 수행된다.

스마트 검색창 스크롤 버튼

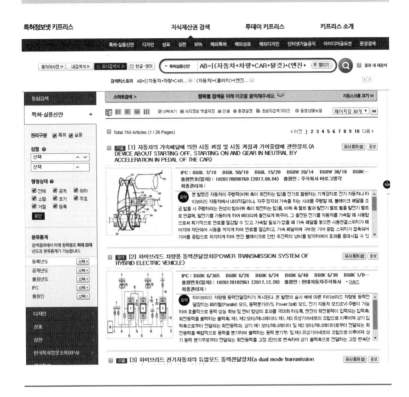

검색식 3으로 검색된 공보는 760건이다. 기존의 검색식 2로 검색하였던 검색 건수 18,118건보다는 획기적으로 검색 건수가 줄어들었지만, 그래도 하나하나씩 살펴보기에는 여전히 검색건 수가 많은 편이다.[308]

---

308 이 단계에서 검색 건수가 100건 이하로 나오게 되면, 적절하게 살펴볼 수 있기 때문에, 기술분류코드를 사용하지 않아도 된다.

(4) 기술분류코드 활용하기

●

마지막으로 더 정밀하게 기술을 검색하기 위해서 특허기술분류코드[309]를 활용할 수 있다. 특허기술분류코드 중의 하나인 IPC코드의 예는 아래와 같고, 하기 표와 같은 구조를 가진다.

예 : H01S 10/00

섹션[310]	클래스[311]	서브클래스[312]	메인그룹[313]	서브그룹
H	01	S	10	00
전기	기본적 전기소자	저항기	가조정 저항기	액체저항기

검색식 3으로 검색된 공보 760건 중 기술 유사도가 높은 문헌을 선택한 후 상세정보에서 클러치에 대한 IPC코드를 찾아낸다.[314]

---

309 특허기술분류코드는 CPC(Cooperative Patent Classification, 선진특허분류코드)코드와 IPC(International Patent Classification, 국제특허분류)코드가 있다. CPC코드는 IPC코드보다 세분화된 특허분류체계로 전 세계 특허 문헌의 약 70%가 CPC코드로 분류되고 있다. IPC코드는 1968년 제정된 것으로, 키워드 중심 검색에 강점이 있어 아직도 널리 활용되고 있다.

310 섹션(Section)은 IPC계측구조의 가장 상위 레벨로, A섹션(생활필수품), B섹션(처리조작, 운수), C섹션(화학, 야금), D섹션(섬유, 지류), E섹션(고정구조물), F섹션(기계공학, 조명, 가열, 무기, 폭파), G섹션(물리학), H섹션(전기)으로 구분된다.

311 클래스(Class)는 2번째 구조 레벨로서, 섹션 기호에 2개의 숫자를 부여함으로써 섹션을 보다 세분화한 것이다. 예) H01 : 기본적 전기소자

312 서브클래스(Subclass)는 3번째 구조 레벨로, 서브클래스 기호에 대문자 1개가 부여되는 것으로 표현되며, 각 클래스는 1개 이상의 서브클래스를 포함한다. 예) H01S : 저항기

313 그룹은 메인그룹(Maingroup)과 서브그룹(Subgroup)으로 구성되는데, 서브그룹은 메인그룹의 하위 레벨의 분류이다. 그룹은 서브클래스 기호에 1개의 사선(/)에 의해 좌우로 구분된 숫자를 붙임으로써 표현된다.

하이브리드 차량용 동력전달장치
POWER TRANSMISSION SYSTEM OF HYBRID ELECTRIC VEHICLE

상세정보 공개전문 📄 통합행정정보

서지정보 인명정보 결정처리 청구항 지정국 인용/피인용 패밀리정보 국가R&D연구정보

(51) Int. CL	B60K 6/365(2007.10.01) B60K 6/26(2007.10.01) B60K 6/24(2007.10.01) B60K 6/48(2007.10.01) B60K 6/38(2007.10.01) B60K 1/02(2006.01.01) F16H 3/72(2006.01.01)
(52) CPC ❓	B60K 6/365(2013.01) B60K 6/26(2013.01) B60K 6/24(2013.01) B60K 6/48(2013.01) B60K 6/38(2013.01) B60K 1/02(2013.01) F16H 3/727(2013.01) F16H 2200/201(2013.01) F16H 2200/2046(2013.01) B60Y 2200/92(2013.01)
(21) 출원번호/일자	1020170182961 (2017.12.28)
(71) 출원인	현대자동차주식회사 기아자동차주식회사
(11) 등록번호/일자	
(65) 공개번호/일자	1020190080482 (2019.07.08) 전문다운 📄
(11) 공고번호/일자	
(86) 국제출원번호/일자	
(87) 국제공개번호/일자	
(30) 우선권정보	

IPC 세부조회

버전 2019.01.01 ▾ IPC 코드 & 내용 B60K6/38   검색   초기화

검색건수 : 3

순번	IPC 코드	한글설명/영문설명
1	B60K 6/387	다른 힘의 작용을 받는 클러치, 예. 전기적, 유압적 또는 기계적 구동 수단에 의하여 작동되거나 멈추는 클러치 [2007.10] Actuated clutches, i.e. clutches engaged or disengaged by electric, hydraulic or mechanical actuating means
2	B60K 6/383	일방향 클러치 또는 자재륜(freewheel, 자유회전장치) [2007.10] One-way clutches or freewheel devices
3	B60K 6/38	동력전달계통(driveline, power train)의 클러치에 특징이 있는 것 (기어장치 내의 변속 클러치 또는 변속기 내의 변속 클러치는 B60K 6/36) [2007.10] characterised by the driveline clutches(shift clutches within the gearing or transmission B60K 6/36)

"B60K 6/38"은 클러치에 대한 IPC코드임을 알 수 있다. 이제 발견한 IPC코드를 키프리스 스마트 검색창의 IPC란에 입력하거나, 아래와 같이 "IPC=[ ]" 연산자를 and 조건으로 연결하면, 가장 정밀한 기술 검색식이 완성된다.

> 검색식 4 : AB=[(자동차+차량+CAR+탈것)*(엔진+앤진+engine)*(효율+효과+효능)]*CL=[클러치+clutch]*IPC=[B60K6/38]

검색식 4로 키프리스에서 검색을 수행하면, 다음 페이지 그림과 같이 40건이 검색된다. 즉, "자동차 클러치 구조를 개선함으로써 엔진 효율이 향상되는 기술"과 유사한 국내 공개 기술은 40건으로 좁혀졌기 때문에, 40건의 공보만 확인하면, 해당 기술의 선행기술을 쉽게 파악할 수 있고, 이와 관련된 기술의 특허등록 가능성도 쉽게 판단해 볼 수 있다.

---

314 이러한 방법 외에도 IPC코드는 특허청 홈페이지(https://www.kipo.go.kr/kpo/HtmlApp?c=40304 &catmenu=m06_07_02_09&year=2019&ver=01)에서 전용프로그램을 다운로드 받아 확인할 수 있다.

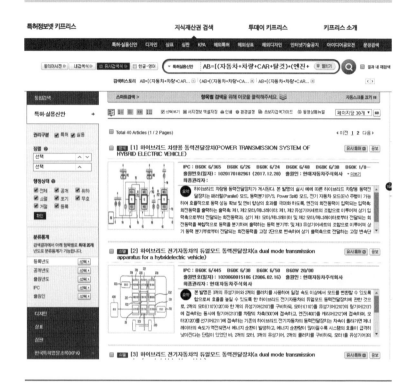

스타트업을 위한 지식재산 가이드

상표
검색 방법[315]

(1) 기본 검색 방법

●

상표 검색의 경우에도 기본적으로 키워드 검색을 사용한다. 상표의 유사성은 상표와 지정상품과의 관계에서 파악되어야 하기 때문에, 지정상품을 반드시 고려해야 한다.

예를 들어, "LG"라는 상표가 지정상품 "세탁기"에 대해서만 등록되어 있다고 가정하자. 이러한 경우에는 타업체가 "LG"라는 상표를 "세탁기", "건조기", "냉장고" 등과 같은 "세탁기"와 동일하거나 유사한 지정상품에는 등록 받을 수 없지만, "세탁기"와 전혀 관련이 없는 상품인 "음료수"에 대해서는 등록받을 수 있는 것이다.[316]

---

315 이하에서 검색된 검색결과는 2020년 01월 13일 자 기준으로 실시되었다.

상표 스마트 검색창 화면

도움말 표시되어 있는 항목은 검색정보 입력도우미를 클릭하면 자세한 설명을 볼 수 있으며 각 항목에 대한 값을 쉽게 입력할 수 있습니다.

관리구분	☑전체 ☑상표(40) ☑서비스표(41) ☑업무표장(42) ☑단체표장(43) ☑지리적표시단체표장(44) ☑상표/서비스표(45) ☑증명표장(47) ☑지리적표시증명표장(48) ☑국제등록상표(마드리드) ※ 상표법 개정에 따라 서비스표(41), 상표/서비스표(45)는 2016년 9월 1일 이후 출원건에 대해 상표(40)에 통합 되었습니다.
유형	☑전체 ☑문자상표 ☑도형상표 ☑복합문자 ☑도형복합 ☑색채상표 ☑일반상표 ☑색채상표 ☑색채만으로된상표 ☑입체상표 ☑색채결합 ☑입체상표.색채결합 ☑홀로그램 ☑동작상표 ☑기타시각적으로인식가능 ☑기타비시각적으로인식불가능
행정상태	☑전체 ☑출원 ☑공고 ☑취하 ☑소멸 ☑포기 ☑무효 ☑거절 ☑등록

상표명칭(TN) 도움말	ex) 사랑?,?사랑,사랑?*자연	and ▼	☐완전일치검색 ?
자유검색 (전문) 연산자기능	ex) 제주*,사랑 등 명칭, 출원번호, 지정상품 등	and ▼	

분류정보 도움말	상품분류(TC)	ex) 06+09+11	and ▼	유사군(SC)	ex) G1004+G1103	and ▼
	지정상품(GD)	ex) 스마트폰*통신, 식음*제혁	and ▼	도형코드(비엔나)(DF)	ex) 010101+010102	and ▼

번호정보 도움말	출원번호(AN)	ex) 4020120012345, 40-?-12345	and ▼	출원공고번호(PN)	ex) 4020110012345, 40-?-12345	and ▼	닫기
	등록번호(RN)	ex) 4012345670000	and ▼	국제등록번호(MN)	ex) 1234507	and ▼	
	우선권주장번호(PRN)	ex) 76001234	and ▼	등록공고번호(RPN)	ex) 4020170012345	and ▼	

일자정보 도움말	출원일자(AD)	ex) 20130101	~ ex) 20130131	and ▼	출원공고일자(PD)			and ▼	닫기
	등록일자(RD)		~	and ▼	국제등록일자(MD)		~	and ▼	
	우선권주장일자(PPD)		~	and ▼	등록공고일자(RPD)		~	and ▼	

이름/번호/주소	도움말 출원인(AP)	ex) 특허정보원, 220020034249, 대전광역시	and ▼	도움말 대리인(AG)	ex) 특허법인, 920191000414, 서울시 강남구	and ▼
	도움말 등록권자(RG)	ex) 특허청장, 대전광역시 서구	and ▼			

초기화   검색정보입력도우미   검색하기

키프리스에 접속한 후, 상표탭을 클릭한 다음, 위 그림과 같은 스마트 검색창을 활성화한다.

스마트 검색창의 상표 명칭(TN)에 검색하고자 하는 상표 명칭을 입력하고, 지정상품(GD)에 검색하고자 하는 지정상품 명칭을 입력한 후, 검색을 실시한다.

예를 들어, "가산"이라는 상표에 "식당업"을 지정상품으로 지정하는 경우, 스마트 검색창에 따른 자동 검색식인 검색식 1은 다음과 같다.

---

316 그러나 "LG"라는 상표가 수요자들 사이에서 너무 유명한 경우에는 전혀 유사하지 않은 상품이라고 하더라도 거절될 수 있다.

검색식 1로 검색을 수행한 결과, 검색된 상표공보는 아래와 같이 총 3
건으로 상표 명칭에 "가산"이라는 단어가 포함되며, 지정상품에 "식당업"
이라는 단어가 포함되는 공보는 모두 검색되었다.

검색식 1을 이용한 검색결과 화면

(2) 유사어 반영하기

●

상기와 같은 기본 검색 방법으로도 대부분의 선행 상표를 검색할 수 있지만, 보다 더 정확한 검색을 위해서는 유사어를 사용하여야 한다. 보다 자세하게는 상표 명칭의 경우, 상표 호칭[317]의 유사를 고려한 유사어를 사용해야 하며, 지정상품의 경우에는 지정상품 단어의 의미를 고려한 유사어를 사용해야 한다.[318]

유사어의 활용방법은 특허에서 사용한 방법과 동일하다. 검색식 1에 유사어를 적용하면 다음과 같다.

검색식 2 : TN=[가산+KASAN+GASAN+GA산]*GD=[식당업+요식업+음식점업+레스토랑업]

검색식 2를 기초로 검색된 공보는 다음 페이지의 그림에서와 같이 13건이다. 이전에 유사어 없이 검색하였던 3건에 비해 4배 가까이 검색건

---

317 이때, 호칭은 한글음을 영어로 표현한 것도 고려해야 한다.

318 상표의 유사여부는 양 상표가 동일 또는 유사한지 여부와 양 지정상품이 동일 또는 유사한지 여부를 살펴야 하는데, 여기서 상표의 유사성은 호칭의 유사성을 기준으로 검토(이외에도 외관, 관념을 전체적으로 비교한다)해야 하며, 지정상품의 유사성은 실제 상거래계에서 의미하는 지정상품의 의미 유사의 기준으로 검토해야 한다. 이때, 지정상품의 유사성은 해당 지정상품의 실거래계에서 생산부문, 판매부문, 용도, 품질, 효능, 효과 등을 종합적으로 참작하여 일반 수요자의 입장에서 양 상품의 혼동가능성이 있는지 여부로 판단한다.

스타트업을 위한 지식재산 가이드

수가 증가하였다. 이와 같이 유사어를 사용하면 보다 많은 유사상표를 확
인할 수 있기 때문에 유사상표를 빠트림 없이 확인해 볼 수 있는 것이다.

그러나 이러한 방법도 한 가지 문제가 있다. 상표 명칭에 대해서 호칭
의 유사성은 대부분 검토가 가능하지만, 지정상품의 경우 의미적으로
유사한 모든 지정상품을 생각해 내기 쉽지 않기 때문에, 이에 대한 누락
이 발생될 수 있는 것이다.

(3) 유사군코드 활용하기

●

유사군코드란 상품 또는 서비스업의 유사범위를 표시하는 식별기호를 의미한다. 유사군코드는 문자 1개[319]와 문자 뒤에 5~6자리의 숫자로 구성되어 있다. 일부 상품에는 2개 이상의 유사군코드가 부여되어 있는 경우도 있다.[320]

유사군코드는 심사의 편의성을 위해 도입된 것으로, 특허청의 상표 심사관은 지정상품의 유사여부를 판단할 때에 지정상품명 자체보다는 유사군코드의 일치여부를 기준으로 지정상품의 유사여부를 판단한다. 즉, 특허청에서는 유사군코드가 같으면 유사한 상표로 심사한다는 것이다.

따라서 지정상품의 명칭보다는 지정상품의 유사군코드를 이용해 상표를 검색하면 가장 정확하게 상표를 검색할 수 있다.

유사군코드의 활용방법은 특허에서 기술분류코드를 사용하는 방법과 유사하다. 식당업의 유사군코드[321]는 G0301, G0502, S120602이다. 지정상품에 해당하는 키워드 대신에 상기 3개의 유사군코드를 적용하면, 검색식은 다음과 같다.

---

319 상품은 G(Goods), 서비스업은 S(Services)로 시작된다.
320 예) 비료 : G0101, 간이음식점 : S120602, 화장품 : G1201, S120907, S128302
321 지정상품별 유사군코드는 특허청 홈페이지(https://www.kipo.go. kr)에서 확인할 수 있다.

스타트업을 위한 지식재산 가이드

검색식 3 : TN=[가산+KASAN+GASAN+GA산]*SC=[G0301+
G0502+S120602]

검색식 3을 이용하여 검색된 공보는 35건이다. 이전에 유사어 없이 검색하였던 13건에 비해 3배 가까이 검색 건수가 증가하였다. 이와 같이 지정상품의 유사어 대신에 지정상품에 대한 유사군코드를 사용하면, 보다 많은 유사상표를 확인할 수 있으므로, 유사상표를 빠트림 없이 확인

검색식 3을 이용한 검색결과 화면

하여 상표의 등록 가능성 여부를 더욱 정확하게 검토할 수 있다.

(4) 로고(도형상표)의 경우

●

도형으로 이루어진 상표의 경우, 키워드로 검색하는 것이 불가능하다. 이러한 점을 고려하여 특허청에서는 국제 도형상표 분류체계를 통해 도형상표를 검색할 수 있게 시스템을 갖추어 놓았다. 국제 도형상표 분류체계는 비엔나분류[322]를 의미하는데, 비엔나분류는 도형분류코드[323]로 구성된다. 도형분류코드는 다음과 같이 구성된다.

예 : 03-04-18 (돼지모양의 경우)

류(類: 대분류)[324]	군(群: 중분류)[325]	항(項: 세분류)[326]
03	04	18
동물	네발짐승	돼지, 멧돼지

---

[322] 비엔나분류란, 도형상표 검색을 용이하게 하고 자국 도형분류 유지, 갱신 비용과 시간 절감을 도모하기 위하여 체결된 "국제 도형상표 분류 확립을 위한 비엔나협약"에서 정한 분류 (Vienna Agreement Establishing an International Classification of the Figurative Marks)로서 회원국 간의 전문가회의를 통해 매 5년마다 개정판이 발행된다.

[323] 도형분류코드는 상표의 표장에 포함된 도형, 기호, 문자, 입체적 형상, 색채, 동작, 홀로그램, 소리, 냄새 등을 시각적인 방법으로 사실적(寫實的)으로 표현한 구성요소를 비엔나분류라는 국제기준에 따라 6자리의 숫자로 기호화한 것이다.

[324] 류는 대분류로, 코드 앞의 2자리를 구성한다. (총 29개류)

[325] 류는 군은 중분류로, 코드 중간 2자리를 구성한다. (총 14개류)

[326] 항은 세분류로, 코드 끝의 2자리를 구성한다. (보조분류와 함께 사용)

상표 스마트 검색창 화면

키프리스 사이트의 스마트 검색창을 열고 도형코드(DR) 부분에 돼지 모양의 코드인 "030418"를 입력한 다음, 검색하기를 실행하면, 돼지모양 이 삽입된 상표가 모두 검색된다. 여기에 상표 명칭을 and 조건으로 연 결하여 검색식을 만들면 더욱 정확하게 상표를 검색할 수 있을 것이다.

도형분류코드를 이용한 검색결과 화면

　　　　　　　　　　　　　　　스타트업을 위한 지식재산 가이드

디자인
검색 방법[327]

(1) 기본 검색 방법

●

디자인 검색의 경우에도 특허, 상표와 마찬가지로 기본적으로 키워드 검색을 사용한다. 예를 들어, "속옷"의 디자인을 검색하기 위해서는 단순히 키프리스 검색창에 "속옷"을 입력하면 된다.

다음 페이지의 그림에서와 같이 검색창에 단순히 "속옷"을 검색하게 되면 "속옷"이라는 키워드가 포함되는 디자인공보 1,437건이 모두 검색된다. 이러한 방법으로는 속옷이 아닌 물품도 함께 검색되기 때문에 검색 건수가 너무 많아지며, 속옷과 유사한 물품[328]은 검색할 수 없는 문제가 있다.

---

327 이하에서 검색된 검색결과는 2020년 01월 13일 자 기준으로 실시되었다.

328 디자인은 본질적으로 물품과 그 물품의 외형으로 구성되므로, 디자인의 유사여부를 판단하기 위해서는 물품의 유사성이 반드시 전제되어야 한다.

(2) 물품분류와 형태분류 활용하기

디자인의 유사여부는 물품 유사여부[329]와 형태 유사여부에 의해 결

---

329 디자인 유사여부 판단에 있어서, 물품의 동일여부는 용도와 기능이 동일한 것을 의미하고, 유사여부
는 용도가 동일하고 기능이 상이한 것을 의미한다. 다만, 상호 비유사한 물품인 경우에도 용도가 혼
용될 수 있는 것은 유사 물품으로 판단될 수 있는데, 수저통과 연필통이 그 예시이다.

정된다. 따라서 디자인을 보다 정확하게 검색하기 위해서는 물품분류³³⁰를 위한 물품분류코드와 형태분류³³¹를 위한 형태분류코드를 이용해야 한다. 예를 들어, 속옷 중 언더셔츠에 소매가 부착된 형태를 찾고 싶은 경우, 이에 대응되는 물품분류코드를 포함하는 형태분류코드³³²를 찾아³³³ 이를 스마트 검색창에 입력하고 다음 페이지와 같이 검색을 실시한다.

속옷 중 언더셔츠에 소매가 부착된 형태에 대한 분류코드로 검색한 결과, 전체 디자인 중 6건이 검색되었다. 이제 6건의 디자인만 눈으로 확인하여 디자인 유사여부를 살피면 된다.

---

330 물품분류는 디자인보호법 제40조 제2항에 근거한 동법 시행규칙 제38조 제1항 및 [별표4]에 따라 정해진다. 우리나라의 경우 디자인 물품분류 기준으로 국제분류인 로카르노분류와 한국분류를 함께 사용한다. 우리나라의 경우 국제분류는 관리적 목적으로만 사용하며 선행디자인 검색 등 실체심사 시에는 한국분류를 기준으로 심사한다. 한국분류는 군 > 대분류 > 중분류 > 소분류로 나뉘며, 필요에 따라 소분류 아래 형태분류를 둔다. 군은 13개군(알파벳 I를 제외한 A부터 N까지)으로 구성되며, 소비재적인 물품분야에서부터 생산재적인 물품분야의 순서에 따라 배열된다.(예 : A(제조식품 및 기호품), B(의복 및 신변품), C(생활용품)) 대분류는 군에 속하는 물품을 용도별로 75개로 다시 세분한 것인데, 0부터 9 중에서 한 자리 숫자로 표현한다. (예 : B1(의복), B2(복식품), B3(신변품)) 중분류는 대분류를 다시 세분하여 469개 중분류로 나눈 것이다. 중분류는 10의 배수로 표시하며, 한 자리 숫자로 구성되는 예외도 있다.(예 : B1-10(양복 및 한복), B1-20(일본 옷, 중국 옷), B1-5(수영복)) 소분류는 중분류를 다시 3,581개로 나눈 것으로서, 중분류 내 물품을 단위물품별로 다시 구분하여 5자리 이내의 숫자로 표기한다. (예 : B1-111(신사복), B1-114(양복조끼), B1-115(잠바 등) 이러한 소분류는 심사관 검색의 기본단위이다.

331 형태분류는 물품분류의 하나로써, 한국분류 중 소분류를 다시 형태별로 세분화한 것이다. 형태분류는 심사의 효율성을 기하기 위해 마련되었다. (예 : B1-62(언더셔츠), B1-62A(언더셔츠, 소매부착형), B1-62B(언더셔츠, 런닝형))

332 언더셔츠(소매부착형)의 형태분류코드는 "B162A"이다.

333 특허청 사이트(https://www.kipo.go.kr/kpo/HtmlApp?c=8028& catmenu= m11_03_05)에서 "디자인 물품류별 물품목록"을 다운받거나, 키프리스에서 제공하는 검색엔진 "http://kdtj.kipris.or.kr/kdtj/dgfc1000a.do₩?method= firstSearch"에서 찾을 수 있다.

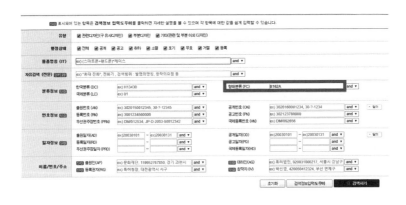

디자인 스마트 검색창 화면

물품분류코드를 이용한 검색 화면

스타트업을 위한 지식재산 가이드

(3) 보기 방식의 변경

●

이전 페이지의 예에서는 6건의 디자인만이 검색되었으므로, 유사디자인을 판단하기에 어렵지 않다. 그러나 물품분류나 형태분류를 이용하더라도 다수의 디자인이 검색되는 경우에는 키프리스 사이트의 화면 구성상 디자인을 하나씩 확인하는 것이 매우 불편할 것이다.

하기의 예시와 같이, 물품분류코드 "B162"를 입력하여 속옷 상의 디자인을 검색하면, 312건이 검색된다. 기본 보기 화면은 왼쪽에 대표도면

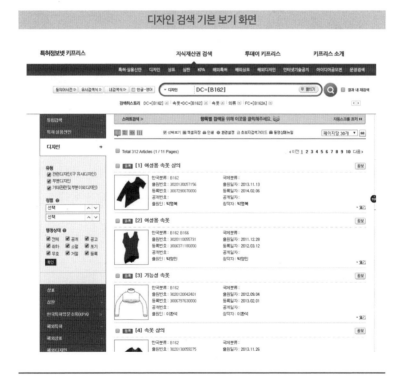

이, 오른쪽에 서지사항 요약이 표시되는 형태이다. 이러한 보기 방식을 이용하는 경우 모든 디자인을 확인하기 위해서는 스크롤을 아래로 계속해서 내리고, 페이지를 자주 변경해야 하는 불편함이 있다.

키프리스 사이트는 여러 형태의 공보 보기 방식을 지원하는데, 디자인의 경우 "대표도면보기", "도면일괄보기" 기능을 제공하고 있다. 유사디자인을 빠르게 찾기 위해서는 대표도면을 확인하는 것이 가장 유효하다.

스타트업을 위한 지식재산 가이드

이전 페이지의 그림과 같이 스마트 검색창 왼쪽 아래에 아이콘을 선택하여 보기 방식을 "대표도면보기"로 전환하면, 하나의 페이지 화면에서 30개[334]의 대표도면이 동시에 표기된다. 이러한 "대표도면보기"를 활용하면 디자인 유사여부를 매우 빠르고 효과적으로 판단할 수 있을 것이다.

---

334 페이지당 최다 150개까지 표시할 수 있다.

찾아보기 :

참고문헌 :

김인배, 이지 디자인보호법 제7판, 2018

노태정, 디자인보호법 개설 2판, 2014

정승배 외 8인 공저, 이공계를 위한 특허의 이해(2), 박문각, 2016

정차호, 특허법의 진보성, 박영사, 2014

윤선희, 조용순 공저, 기술이전 계약론, 2013

윤선희, 상표법 제2판, 2014

임병웅; 인사이트 플러스 특허법 14판, 2015

특허법원 지적재산소송실무연구회, 지적재산소송실무, 2010

특허청, 디자인심사기준

특허청, 디자인 물품류별 물품목록

특허청, 심사지침서(특허·실용신안)

특허청, 상표심사기준

특허청, 유사상품 심사기준(니스11판)

스타트업을 위한 지식재산 가이드

초판 1쇄 발행 2020년 05월 27일
초판 2쇄 발행 2020년 11월 25일

지은이 박길환
펴낸이 류태연

펴낸곳 렛츠북
주소 서울시 마포구 독막로3길 28-17, 3층(서교동)
등록 2015년 05월 15일 제2018-000065호
전화 070-4786-4823 **팩스** 070-7610-2823
이메일 letsbook2@naver.com **홈페이지** http://www.letsbook21.co.kr

ISBN 979-11-6054-366-7 13320